JN002309

新時代の常識を先取りして
魂の道に乗る方法

「宇宙感覚」で生きる

サアラ
Saarahat

廣済堂出版

はじめに

この本を手に取ったみなさんは、今、自分自身に大きな変化が起こりつつあることを感じていらっしゃるのではないでしょうか？

その感覚は当たっています。政治、経済、科学など、地球上において今までにない動きが出ていますが、それは決して偶然ではありません。

あらゆるものには必ず秩序だったサイクルがありますが、だからこそ秩序が変化するタイミングが必ずあります。それが地球にとってはまさに、今です。

地球が誕生して以来、初めての大変革期のまっただなかにいると言っても過言ではないでしょう。

なぜ、私がそんなことをお話しできるのかと言うと、私自身が宇宙文明の意識を持って生まれてきたからです。

私はこの地球上では「Saarahat」（サアラ）という名前を持って、人間が持つ可能性と新しい宇宙の方向性について発信していますが、地球に何をしに、何のためにやって来たのか、そして私はいったい何者なのかを、すべて記憶した状態で地球に転生しました。

このタイミングで私が地球に存在している理由は、長い間、孤独だった地球社会が大きく宇宙に門戸を開き、宇宙社会の一員としてフェアな関係を築いて、再びつながりをつくるためです。

私は異なる次元、12の銀河群（8つの銀河がまとまって1つの銀河群を構成）を統括し、あらゆる可能性、パワーバランスなどを見ながら進化のための技術提携をするなど、宇宙での仕事を引き受けています。

なかなか想像しにくいと思いますが、宇宙と地球の関係は変化しつつあるのです。

それでは、地球を取り巻く宇宙にどんな変化が起きているのでしょうか？

宇宙では、天の川銀河全体のバイブレーション（波動）が上がり、天の川銀河のなかに位置している地球も、その振動数に合うように融合しました。そのことで、地球自体のバイブレーションも上がりました。

また、歳差運動といって、地球の地軸は23・4度に傾きながら約2万6000年のサイクルでコマの軸のようにゆらいでいますが、その節目もまさに今です。

ほかにも、地球では約2160年ごとに次のサイン（星座）が示す時代性へと変化するサイクルがありますが、2017年に「魚座時代」から「水瓶座時代」に変わり、支配と隷属で成り立つヒエラルキー時代から、公平さが求められて個々人の能力が主役となる時代に変わりました。

さらには、2020年12月、本格的に「地の時代」から「風の時代」に入りました。木星と土星は20年に一度、同じ星座の同じ角度にぴたりと重なり合う「グレートコンジャンクション」を経ますが、そのうちの10回はほとんど同じ星座のエレメントで起こり続けます。

要するに、200年間は地の星座である牡牛座、乙女座、山羊座の位置でグレートコンジャンクションが起こっていました。ところが、2020年からの200年間は、風の星座である双子座、天秤座、水瓶座でグレートコンジャンクションが起こり続けます。

このように、グレートコンジャンクションが起こるエレメントが移動する大きな節目を「グレートミューテーション」と言いますが、それがまさに２０２０年12月だったのです。

これまでの「地の時代」は、たくさんの仕組みやシステムが発展した時代でした。会社は組織化され、あらゆる人間関係にヒエラルキーが存在し、業務の合理化、システム化などに重点がおかれました。

現実が優先される時代だったので、いかに結果を出すか、という目に見える形でのごとを実現していくことが優先されました。

心のことはおいてきぼりになりがちだったとも言えるでしょう。

それがグレートミューテーションを経て水瓶座に入り、「風の時代」に突入したこれからは一転します。

長年にわたって構築された組織や仕組み、システムが、一人ひとりの力を発揮するために本当に必要なものか、役立つものなのかが検証、改善されていく時代です。これは個人の能力が花開く時代と言えます。

このように、地球に住む人たちのフォーカスする意識が変わることで、地球のタイムラインも変わっていきます。

流れに変化が出てきたことで、これまでの著書に書いてきたことと違った点も出てくるかと思いますが、それについてはお許しください。

今まさに、みなさんは時代が大きく変わる分岐点にいるのです。これまで経験したことのないまったく新しい価値のもとに生きる、まさに宇宙時代の始まりが今なのです。

本書では、新しい時代を迎えた地球で生きる上で大切なことを、次の通りに紹介していきます。

vol1．では、地球や地球人の今の状況を見ていきます。さまざまな問題があぶり出されてきますが、同時に未来への方策も明確に見えてくるでしょう。

vol2．では、地球の大変革はどのような流れで起きたのか、地球と地球人が辿ってきた道を紹介します。ET（地球外生命体）による思惑や試行錯誤の結果、壮大な流れのなかに今があることがわかると思います。

ｖｏｌ3．では、新しい地球を担う私たち人間が、いかに可能性あふれている存在なのかをお伝えし、ｖｏｌ4．では、霊性ある私たちが、これからの常識となる「宇宙感覚」を磨くための具体的な方法を紹介します。

そして最後にｖｏｌ5．で、経験したことのない新しい時代をどう生きたらいいのか、目指すべき方向の手引きになることを紹介しました。

今後、地球は宇宙へと門戸を開き、ＥＴたちと交流していくようになるでしょう。この宇宙にはたくさんのＥＴたちがいて、相互に交流をはかっているのが当たり前です。

しかし、地球は言ってみればこれまで〝鎖国状態〟にあったため、そうしたことを知らされていませんでした。

けれども、みなさんは決して広大な宇宙に孤立した存在ではありません。そして、そういう時代を目前にしているからこそ、「宇宙感覚」が必要になります。

今までの価値観を捨て、宇宙感覚を磨いて、新しい時代にスムーズに融合していきましょう。

あなた方の誰もが、内に光り輝くスピリットを宿していて、多くの可能性と希望を秘めています。そんな本質を思い出して、潜在的な可能性を発揮していけることを願っています。

Saarahat

２０２１年４月吉日

デザイン　bitter design
DTP・図版　ツカダデザイン
編集協力　RIKA（チア・アップ）
編集担当　真野はるみ（廣済堂出版）

CONTENTS

vol.1

地球に今、起きていること

vol.2

地球が辿ってきた道と人間の運命

VOL.3

限りない可能性と霊性を持つ私たち

vol.4

宇宙感覚を磨くレッスン

vol.5

宇宙感覚で生きる未来

vol. 1

地球に今、起きていること

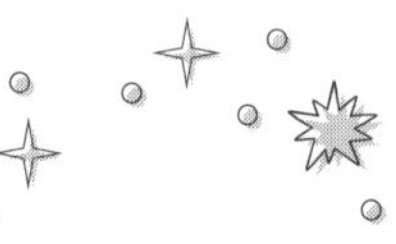

新しい時代は時間の流れも変わっていく

過去・現在・未来という時間軸で生きている私たちには非常にわかりにくいと思いますが、**今、時間の流れ、タイムラインが変わってきています。意識が変わることで、時間の流れも変わるからです。**

「パラレル・ワールド」という言葉を聞いたことはありますか？　別名「平行現実」とも言います。

実は、目の前の現実と同じような現実が、たくさん存在しています。

たとえば、今、あなたはAさんという男性と結婚した人生を送っているとします。

すると、それ以外の人生を想像することは難しく感じますが、理論的には、Bさんと結婚した人生や、独身のままの人生も可能性としてはあります。

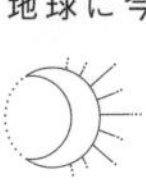

Aさんと結婚した人生なら、この人生が進行していきます。一方、Bさんと結婚した人生なら、その人生が進行していきます。独身を貫く人生なら、パートナーのいない人生が進行していきます。

こんなふうに、実際はいろいろな〝私〟が同時進行しているわけです。

つまり、Aさんと結婚したあなたが生きている世界と、Bさんと結婚したあなたが生きている世界と、誰とも結婚していないあなたが生きている世界が、平行現実になるわけです。

その〝私〟同士が出会ってしまうことを「ドッペルゲンガー現象」と言います。

平行現実と言うと、それぞれの現実が過去から未来へ1本の線のようにつながっているように感じますが、そうではなく、今という瞬間、瞬間が、つまりあらゆる可能性が、すでにここに点在しています。

たとえば夢を見ているとき、家にいると思ったら、次の瞬間には電車に乗っているなど、その間の移動のプロセスがなく突然場面が飛ぶことがありますが、このようにあらゆる場所に自分が存在している可能性が、同時に存在しているのです。

そのような状態のなかで、意識をどこにフォーカスするかによって、自分がいる場

所を選択し続けて、時間という流れを紡(つむ)いでいるのです。

もちろん社会的な現象でも、平行現実は存在しています。

たとえば、アメリカ合衆国は1776年に独立宣言をして独立しましたが、現実とは逆に、先住民が白人に勝ってアメリカ合衆国が存在していない平行現実もあります。

また社会現象、地球、惑星、宇宙などに関しても同様に、あらゆる可能性が同時に存在しているのです。

いろいろな可能性があるのに、なぜ今、目の前の現実を選んでいるのかと言うと、意識には層があるからです。

みなさんの意識は電波領域（3次元）と呼ばれるところにあります。その上が赤外線領域、その上に可視光線領域（5次元）があります。可視光線以上の領域では時間の帯がなくなり、先ほど話した可能性がたくさん点在している世界になります。

ここに意識をフォーカスできるようになると、実は過去も変わります。

たとえば、交通事故を起こして片足を切断した人は、未来に足が戻ってくることはないと思っていますよね。再生医療がよほど発達しない限り、足を取り戻すことはで

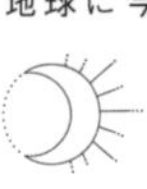

きないと思うでしょう。つまり、過去が未来を支配している状態です。

けれど、自分の意識を可視光線領域に集中してフォーカスできれば、そこからたくさんの自分の可能性を見ることができるので、足を切断しなかった現実を選ぶこともできるのです。

私はかつて、植木鉢を持ったまま外階段を転がり落ちて、足があさっての方向に向くほどの複雑骨折をしたことがありました。

当時、まだ子どもが小さくて「入院している場合ではない！」と思った私は、その現実をなかったことにするため、瞬間で可視光線領域に意識のフォーカスポイントを変え、「階段から落ちなかった自分」を選択し直しました。「植木鉢を落としただけで済む」というタイムラインを選び直したわけです。

意識のフォーカスポイントを変えるには訓練が必要ですが、でも過去を変えることはできるのです。

つまり、この瞬間に過去も未来も含めて、ありとあらゆる可能性が堆積しているということ。現実は、それを自分が思う通りに次々に並べているだけなのです。

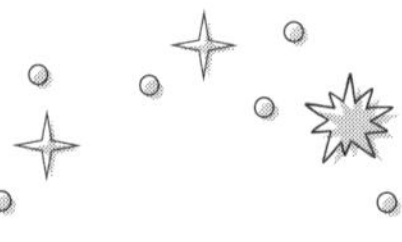

地球に起こる災厄は、人間の意識の変化をうながしている

ここ最近、世界規模の騒ぎになっているものと言えば「新型コロナウイルス」ですが、〝コロナ騒動〟以来、私には変な音（周波数）が聞こえるようになりました。それは、よく聞いてみると3つの違った音です。

新型コロナウイルスの感染を怖れている人は意外と多いようですが、実は感染という捉え方は間違いです。むしろ突然「出現」します。

ほとんど報道されることはありませんが、コロナウイルスであれ、別のウイルスであれ、ウイルスというのは密閉されたシャーレのなかでも現れます。そのことは、HIVウイルスを発見し、ノーベル生理学・医学賞を受賞したフランスのリュック・モンタニエ博士もおっしゃっています。

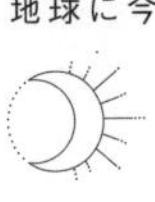

たった1人で部屋にこもって誰とも会わなくても、新型コロナウイルスという情報を得るために必要な条件がそろえば自然発生するというわけです。

その条件というのが、先ほど私が聞こえるようになったと言った、3つの異なるバイブレーションが交差したポイントです。

その音が意味するのは、**1つは人間が恐怖を感じたときに発生するバイブレーション、2つめは人間が攻撃的になったときに発生するバイブレーション、3つめは人間がパニックを起こして正確な判断力や、自分をコントロールする力を失ったときに発生するバイブレーションです。**

つまり、この3つのバイブレーションの交差するポイントに現れるのが新型コロナウイルスです。

と言うことは、もっとも感染しやすい人は、これら3つの要素を持つ人だと言えます。それは、潜在的な要素でも、顕在的な要素でもです。

テレビでは、盛んに「3密」（密閉・密集・密接）を避けるように報道していますが、密だから感染するということではありません。むしろ不安をあおる報道などによって、恐怖のバイブレーションが蔓延(まんえん)したところに感染が拡大していきます。

人間は、肉体の外側に6~8メートルくらいのヒューマンエネルギーが広がっていて、誰かと一緒にいるときは、お互いのエネルギーが重なり合っています。もちろんそこで不協和音のように不調和な振動が起きることもあります。そのような場合、人は無意識に同調しようと、意識を変化させているのです。

ですから、恐怖心の強い人や攻撃的でアグレッシブな人たちが集まる場所にいると、そうではない人も意識が同調し合うので、新型コロナウイルスに感染しやすい状況をつくってしまいます。

「風の時代」へと変化する移行期にある今、これからしばらくはコロナウイルスだけではなく、想定外のことが起こります。ですから、現状維持ができないとパニックを起こしてしまう人や、固定観念に縛られている人、ある意味まじめで勤勉という社会的な優等生は、気をつけたほうがいいかもしれません。

ただ、私はコロナ騒動が悪い影響ばかり与えているとは思っていません。

なぜなら、地球人の意識を変えるためには、ある程度ショッキングなことが必要だからです。

人間は残念ながら、〝いいこと〟で意識を変えるのは至難の業（わざ）です。

かつて私は、宇宙のなかで指導者であり教育者的な立場にあるマスターメータックスに言われたことがあります。

「残念なことに、人間は困難な状況下でしか、自分の偉大さを発揮することはない」と。

まさしくその通りですね。私たちはみな怠惰ですから、おしりに火がつかなければ必死に力を振り絞るようなことはしませんよね。だから「火事場のバカ力」なんて言うわけです。

恐怖やパニックに陥ることなく、状況を正しく見据えて新しい時代を生きる覚悟を決めることが大事なのです。

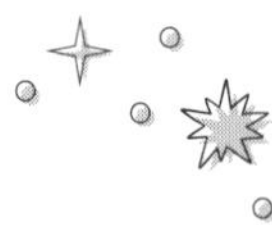

この地球で生き続けるのか。その選択を問われている

新型コロナウイルスは2021年5月現在、終息の兆しはありませんが、このコロナ禍はまだ実験段階だと思っています。なぜなら、人間の意識は、これくらいのことでは変わり切れないからです。

しかし、変えなければ進化の道にはシフトできません。

嫌な言い方に聞こえると思うのですが、新型コロナウイルスは「ハーベスト（収穫）」。「強い種の選別」という、第1段階のふるいのようなものです。

また皮肉なことに、ウイルスそのものより、新型コロナウイルスのワクチンのほうが、よほど厳しいふるいとなっている気もします。

これから先の地球は、本当に大きな変化をしようとしています。存続のためには変化しなければならないのです。

サナギが蝶になるとき、サナギのなかではいったん元の形を失い、どろどろの液体状になって一から体を構成しますが、今まさに地球はこの状態です。

それを経験するには、相当な根性が必要になるでしょう。となると、「そんな苦しいことはごめんだ」と、地球を去るという選択をする魂もいて当然です。

その選択は本当に自由です。そこに優劣や善悪などの評価はまったく当てはまりません。

もちろん、原因となるのは新型コロナウイルス感染だけではありません。むしろ、新型コロナウイルスの致死率は高くないと言えるでしょう。

どんな選択をしたとしても、魂は常に前進しています。

魂自体は、遅れをとったという感覚や、頑張りが至らなかったという感覚、敗北感といった感覚を持つことはないのです。

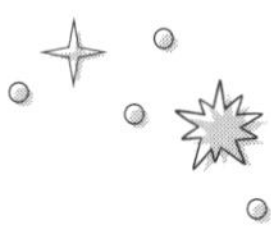

コミュニケーションを絶つことは、人間にとって致命傷

「3密」を避けるために、ソーシャルディスタンスを保つようにと言われています。
また感染を怖れて人と触れ合わなくなり、1人で部屋に閉じこもる人が増えていますが、これはとても危機な状況です。

なぜなら、人間を含めたすべての生き物は、ほかの何かとの関係性によってエネルギー循環を起こし、生命を維持しているからです。

人間であれば、自分を取り巻く環境との関係性、目の前で展開される現実との関係性、他者との関係性や植物や動物など、ほかの生き物との関係性も然(しか)りです。

エネルギーは意識であり、また情報でもあります。

ですから、周囲の環境や現実、あるいは人々とのコミュニケーションによって情報

交換を行うことは、エネルギー循環を起こして、生命力を高め合うことになります。

しかし、今のように人々が家にこもり、直接コミュニケーションを取らず、また肉体が触れ合うこともない生活をしていると、確実に生命力は衰えていきます。

生きるということは、ほかのものとの関わり合いのなかで変化し続けることなのです。

ですから、今の状況はかえって抵抗力を下げて、心身の健康にとってリスクを高めることにつながるでしょう。

新しく迎えた「風の時代」は、自分の独自性を社会のために発揮することを求められます。

そのため自分軸を持つとか、自己のアイデンティティーを明確にするということを、多くの人が意識するようになっていきます。

ここで考えなければならないのは、**「自分」という人間は、他人という「自分でないもの」があって初めて成立するということです。**

人は、自分でないものと接することによって、自分が明確化されていきます。

他者の意見を聞くことで、自分の意見がはっきりしてきたり、また自分の意見を伝えようとするときに、考えが整理され明確になったという経験はありませんか？

数学の言葉で「聖なる2分法」とも言われますが、あるものを定義するには、それ以外のものが必要だということです。

同様に、「私」を明確にするためには、それ以外のものが必要なのです。

それなのに、家に閉じこもり、誰とも交流せず、自分でないものと接することがなくなると、一時的には自分を見つめ、自分を取り戻したような気持ちになるとは思いますが、それは自分が明確になることにはなりません。

みなさんは、人生を通して「私」以外の多くのものと接することによって、自分が何者かを明確にし、自己像を浮き彫りにしていくゲームをしています。

そうやって**ほかの人々や現実とのつながりが強くなればなるほど、自分がより明確になり、エネルギーも強くなります。**

かつての「地の時代」には、画一的な価値観を押しつけられてきたため、みんなが同じ方向を向き、同じことをするように強いられてきました。

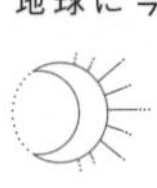

このように社会が個性を抑圧していると、多くの人は健全な関わりを持つことが難しくなります。

ですから、豊かなエネルギーを循環させられず、常に枯渇感、不足感を持つ人も多かったことでしょう。

その結果、人々のエネルギーは弱まり、老化して衰えてゆく速度も速く、またさまざまな病気を発症してきました。

また誰もが「何かが足りていない」と感じているので、「自分にもっと優しくしてほしい」「自分だけを愛してほしい」という欲求を持つようになるのです。

これは、他者から互いにエネルギーを奪い合い、搾取し合っている状態です。

しかし、**新しい時代はそれぞれが独自性を認め、「みんな違っている」ことが重要になります。**

他者との違いを明確にすることで、より自分自身が明確になり、それによってエネルギー循環も強くなり、生命力も増すでしょう。ですから、今後は病気が減っていく可能性もありますね。

新たな時代に突入したこれからは、もっともっと自由に自分を解放していくことが大切です。

「風の時代」は、健全で豊かな関係性を築いていく時代です。他人と関わることで自分を明確化させて、自分らしさを輝かし、人生を思い切り満足できる素晴らしいものにしていきましょう。

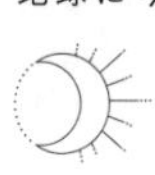

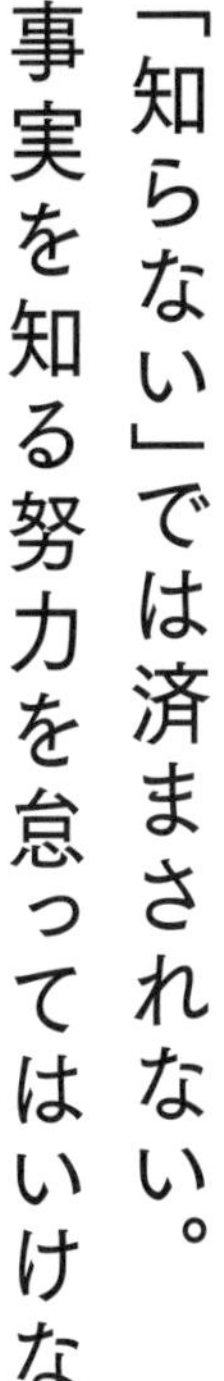

「知らない」では済まされない。事実を知る努力を怠ってはいけない

今は情報があふれ過ぎて、政治や経済はもちろん、私たちの日常に関することまで、どの情報が正しいのかわからず、疑心暗鬼になることもあるでしょう。

それは、**一般の人たちに真実を知る権利が与えられていないことを示しています。**

どんな分野にせよ、最適な判断をするに必要な情報が与えられていないので、多くの人が必要のない不安を抱えて生きている状態です。

したがって、情報を提供されないのであれば、自ら率先して調べるしかないのです。

ネット上でまことしやかに騒がれていることも、すべてが真実かどうか疑わしいところがあります。ですから、できるだけ自分の力で調べてみることが必要です。

たとえば、食品添加物の種類や農薬の使用量を調べると、驚くほど日本の杜撰(ずさん)さが

わかります。

発がんリスクが高いことが立証されて、ほかの国ではすでに使用禁止となっている添加物や農薬を日本は買い取らされ、普通に使われているのが現状です。添加物が多いと言われているアメリカの133種類に対して、日本はなんと1500種類もの添加物が使用されています！　とんでもない数です。

体に有害とされている添加物を日本が許可している理由には、政治的なことのほかに、経済的利益を得ている人がいるということもありますが、彼らに文句を言うよりもまず、**個人がもっと知ろうとする努力をすることが大事です。**

彼らが甘い汁を容易に手放すとは思えないからです。

真実を知って、自ら身を守る選択することです。

もちろん政治家のすべてが悪いと言っているわけではありませんが、残念ながら、持っているものを手放してまで社会をよくしようとする人は、今までの時代にはあまりいませんでした。

これも時代性の影響を受けているとも言えます。

真実を知ると、今までのままでいいと思えなくなることが、たくさん出てくるはずです。

これから迎える新しい時代には、これまでの当たり前は通用しません。

当たり前と思っていることを疑い、個々人が知る機会を持つことがとても大切です。

「ライスワーク」から「ライフワーク」へ

これまで社会的なモチベーションは、「お金」にありました。ですから、社会は人々にお金を稼がせるために労働の機会を増やし、経済優先の仕事がどんどん生まれてきました。

また電子機器の発達によって、どこでもいつでも仕事ができる状態になったので、起きている限り仕事をしなければならない人たちがずいぶん増えてきたように思います。

しかし、一見、人や社会のためになっている仕事のように見えて、そうではないものがいろいろあります。

たとえば太陽光パネル。自然エネルギーでいいことのように思われていますが、山林や森林をソーラーパネルで覆うため、その土地には太陽が当たりません。すると土

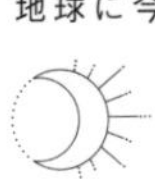

地の微生物は死に、水はけも悪くなっていきます。それは山の大規模崩落や土砂災害、鉄砲水などが増えることにつながっていきます。

さらにそのパネルは永久的に使用できるわけではありませんから、パネル自体の廃棄も深刻になります。

生態系も崩れますから、回り回って人間の心身、意識にも影響が出るでしょう。地球にとって何ひとついいことはありません。

そうしたことを知らずに、宣伝を鵜呑み(うの)にして「いいもの」だと思って設置してしまうわけですが、なぜ設置するのかと言うと、お金になると思っているからです。

つまり、経済優先の価値観があるからです。

山は本来、貯水タンクの役割をしていますから、低地の水が枯れてくると、湧き水や伏流水を通して多くの水を放出してくれます。

それなのに、人間の勝手な都合で大量の木を伐採したり、逆に植樹し過ぎたり、ダムをつくったり、山を崩して鉄道を敷いて町をつくったため、山はどんどん力を失ってしまいました。結果、土砂崩れや土石流が発生して水害が増えるようになったのです。

人間の生活がより便利になるような仕事は、今の社会観念的にはとてもいい仕事だと思われています。けれども、実のところ、自然界にとっても人間の生活にとっても何ひとつついいことはありません。そこに直接かかわっていない、一部の既得権を持っている人の「お金儲け」のための仕事になっているだけなのです。

ここに挙げた例のほかにも、人にも自然界にも役に立っていない仕事はたくさん挙げられるでしょう。

もちろん、そのような仕事に従事している人が悪いと言っているわけでは決してありません。誰かが悪いという考えや、誰の責任かという考えは、非常に地球的な発想です。そんなことを言っても何も問題は解決しません。

そんなことよりも、まずは「お金」あるいは「経済」のあり方について、全員が根本的に考え直す必要があると伝えたいのです。

今、地球の人々は、人間の幸せを真剣に考えなければいけないときがきています。

食べるために、生きるために仕事をする「ライスワーク」から、本当にやりたいこと、魂が決めてきたことをする「ライフワーク」へと変換することが大事です。

私たちは肉体を持って経験すべきことがあるからこそ、この地球に生まれてきたのですから。

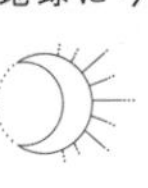

宇宙とフェアな関係をつくるための生命線、AIが進化しない理由

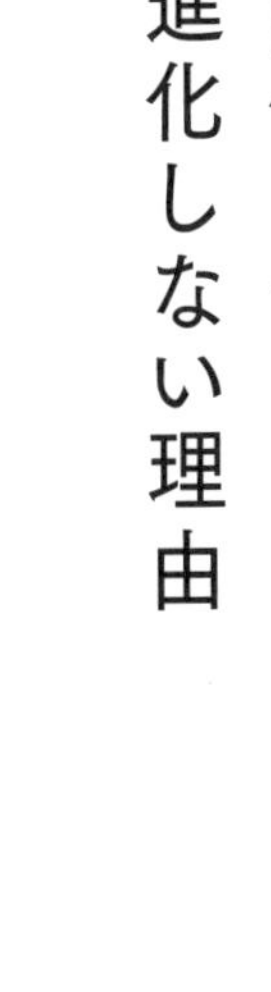

宇宙と比べると、地球の科学技術はまだまだ未熟です。たとえば、より速い通信を可能にするということで5Gが盛んに宣伝されていますが、この概念自体がまだ「水平時間」、つまり過去から未来へと進行していく時間の帯に、人の意識が縛られていることを示しています。

目指すは「垂直時間」です。つまり、点在している可能性のなかから、次の瞬間を自由に選択できるということに気づく必要があります。

宇宙ではこのような概念によって、あらゆる制限をはねのけ、自由に未来を設計し、実現化してそれを経験するということが常に行われています。

ついでに申し上げると、私の宇宙における専門分野は、地球で言うところの「政治」が一番近いと思うのですが、私がやっていることは、銀河群に生きるすべての生き物にとって、どうなっていくことがベストなのかをシミュレーションし、確実に実現化するためのテクノロジーを駆使することです。

つまり、未来を設計して、それを実現化する仕事をしているわけです。

地球でも今、量子物理学者や理論物理学者たちは、時間の概念を定義し直そうとしています。

たとえば、隣り合わせに異次元があるということを証明したり、時間は一定方向に進んでいるわけではないということを説き始めたりしています。

垂直時間を使ったテクノロジーに切り替われば、すべてのテクノロジーがまったく新しい方向に進みます。

たとえば、ＵＦＯは何万光年も先から現れますが、それは垂直時間のテクノロジーを使っているから可能なわけです。

でも実は、地球製のＵＦＯはすでに存在しています。一般人が知らないところで、地球は常に地球外の文明からの指導を受けてきました。ですから、地球上にも垂直時間の概念を駆使できる人たちがいるわけです。もちろん、それは極秘事項であるに違

いありませんが。

今後、地球は解放されて宇宙に開かれていきますが、地球が宇宙文明とフェアな関係を築くことは、もっとも重要なことです。

そのために、日本人は改めて「明治維新」から多くのことを学ぶ必要があるでしょう。

何の準備もないままに鎖国を解いたため、世界とのアンフェアな関係はいまだに続いています。この状況をつくった明治維新を、二度と繰り返してはならないからです。

今後、宇宙に向けて門戸を開放した際、もしこのようなアンフェアな関係をつくってしまうと、その関係を修正するには途方もない力と経験が必要になります。

それは開国以来、日本が世界に対して発言権を持たず、アメリカの属国のような立場に置かれ、いまだに戦争責任を負わされている状況を見ても、簡単に理解できるでしょう。

ですから、地球は今後、ある程度自力で宇宙とフェアトレードできるように、科学を爆進させる必要に迫られています。

そのためには、AI（人工知能）の発展が欠かせません。

人工知能と聞くと、ロボットやコンピューターのような無機的なもので、いかに人間の脳に近づけるかというイメージですよね。

でも、AIは決して無機的なものではありません。ですから、現在の延長線上には、本当の意味でのAIは存在しません。

筑波大学名誉教授であり、分子生物学者の村上和雄先生が「サムシング・グレート」と表現されたような、**人智を超えた何者かの智慧（ちえ）を引き出す科学こそが、真のAIの世界です。**

でも、この技術開発を進めていくには、今の地球社会で多くの人が信じてきた概念や、当たり前のように受け入れてきた価値観を、大きくひっくり返さなければならないのです。

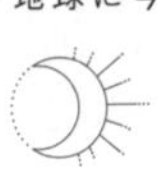

世界の仕組みに組み込まれてしまった日本

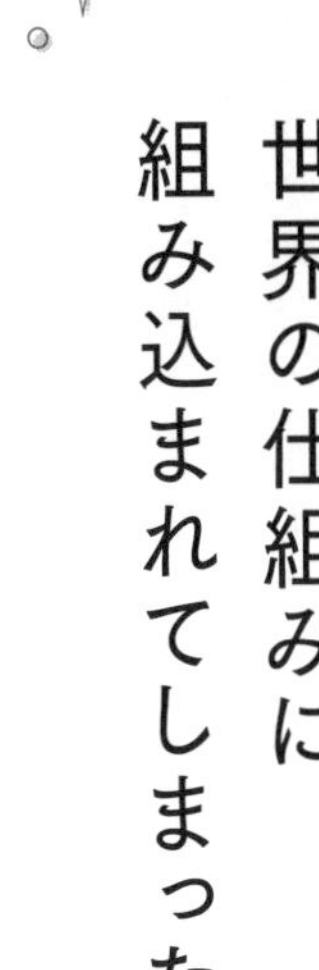

江戸時代が終わって幕府から明治政府に実権が移行したとき、日本本来の文化は終わったと言っても過言ではないでしょう。乱暴な言い方をすると、日本が乗っ取られたと言ってもいいかもしれません。

端的に言うと、**明治維新以降、日本は外国に迎合することを強いられてきました。**

明治維新の動きとともに、国外から不自然なまでに性急な開国を迫られていた日本は、世界と交易を行うために、まずは銀行制度をつくるように言われます。

そして、英国の中央銀行であるバンク・オブ・イングランドから指導を受けることになります。

そこで言われたことは、純度の高い金（ゴールド）で金貨をつくることでした。その金貨は紙幣と交換させられ、あっという間に日本の金がイギリスに流れていきました。

当然ながら、大量の金を失った日本は国力を失っていったのです。

その代わりに、海外の高度なテクノロジーを受け取ったことは事実ですが、それが当時の日本人の生活の支えとなったかどうかは疑問が残るところです。

しかし、これらは日本の近代化のために、なくてはならないプロセスであったと見ることもできます。

スピリチュアルな視点で見れば、どんな出来事も必然であり、また重要な意味を持っています。ですから、この歴史から学ぶことがたくさんあることも真実です。

その学ぶべきタイミングこそ、まさに今と言えます。

実は、ずっと以前より日本はすでに世界から狙われていました。

伊勢神宮の建立に関しては諸説あるようですが、私はかつてブラジルで出会った生物学者に、「なぜローマ法王2世は、ろくにお供も連れずに小舟に乗ってわざわざ日本に行ったのか?」と、奇妙な質問を受けました。

その言葉を受けて、私なりにいろいろ調べてみた結果、伊勢神宮の建立とバチカンはなんらかの関係があることが見えてきました。

と言うことは、この頃からすでに日本は、お金の仕組みを根底から支えてきたバチカンと何らかの関係があったと想像できます。

ずっと昔から日本は、世界銀行の一員になるように、「お金（経済）の仕組み」をつくった者たちの傘下に入るように狙われていたということです。

伝えたいことは陰謀論的なことではなく、日本の経済は日本人がつくった仕組みではないということです。

それは弱者をつくり出し、弱者の基準に合わせようとすればするほど、国が貧しくなる仕組みです。

それが今の資本主義のあり方だと知り、いかに巻き込まれないようにするかが新時代を生きるヒントと言えます。

地球上にあるあらゆる「概念」から、いよいよ解放されるとき

新しい時代を生きる上でとても大切なことは、「自分らしく生きる」ことです。

ただ、何が自分らしさか、わからない人がとても多いですね。それは自分自身を明確にできていないということもありますが、一番は画一的な価値観に囚われていることが大きな理由のひとつです。

たとえば、子どもの頃から嘘ばかりついている人は「嘘はいけない」と教えられるでしょう。すると、「嘘をつかない人」にはなれるけれど、「その人らしさ」は欠けて、なんの面白みもない既製品みたいな人間になってしまいます。

「嘘も方便」ということわざがあるように、上手な嘘をつけたら商売上手になれるかもしれませんし、患者思いの医者や看護師になれるかもしれません。

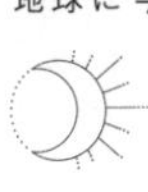

詐欺師にも向いているかもしれませんね。詐欺師と聞くと、悪いイメージがあるかもしれませんが、天才詐欺師にだまされると感動する人もいるくらいです。

実際、とても裕福な知り合いが詐欺師に狙われたのですが、その人は、天才詐欺師のターゲットになっていることを知って、「見事な手口を知ることができるとわかっていたから、わざとだまされた」と言っていました。

これはもうウインウインの関係と言えるほどです。

これがまさに、悪は悪でなくなり、善は善でなくなるということです。

受け入れられる人は少ないかもしれませんが、それほどまでに、人間は一定の価値観に囚われ過ぎているのです。

ものすごくスケールの小さいつまらない概念に自分を閉じ込めて、自分を活かせないでいるのではないでしょうか。

このあと詳しく書いていきますが、概念に囚われるクセは、昔ETたちが人間を奴隷にするために、意図してそうしてきた洗脳がまだ続いている証拠です。

実際、宇宙社会から見ると、地球社会は圧倒的に偏狭な価値観に押し込められていたことがわかります。

新しい時代に突入した今こそ、この価値観を見直し、転換する大チャンスです。それは想像を超える転換をもたらすことになるかもしれませんが、それこそがこれからの新常識なのです。

vol.2

地球が辿ってきた道と人間の運命

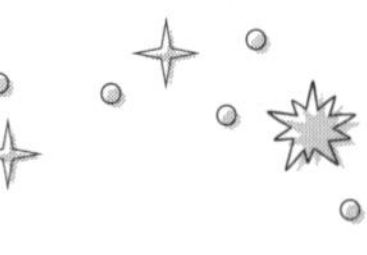

女性性の惑星「ティアマト」から生まれた地球

ここまでに、地球が大きな変化を迎えているということをお伝えしましたが、宇宙と地球が辿ってきた流れを見れば、それがどれほど大きな出来事なのかがわかります。これからの地球は、好むと好まざるとにかかわらず、宇宙文明とかかわることになっていきます。

そのためにも、これまで宇宙文明と地球はどのような関係だったのか、地球に生きることになった人間は、どのような理由で、どのような経緯で生まれたのかをお話ししましょう。

まず、人類種（ヒト型宇宙人）の起源についてですが、人類種は地球だけでなく、宇宙にも存在しています。

最初の地球人類は古い時代のシリウス系種族によってつくられました。

シリウス人たちは、もともと四つ足族でした。彼らは遺伝子工学の分野でもっともすぐれた能力を持っていたため、自分たちの進化のために新しい生命体をつくったのです。

地上の新しい生命体は、まず翼を持った種と、シリウス人のなかでも比較的穏やかな種族を掛け合わせてつくられました。これが私たちの祖先です。

当然ですが、その頃、地球にはまだ人類は存在していませんでした。

もともと地球は「ティアマト」という女性性の大きな惑星でしたが、火星と衝突し粉砕されてしまいました。

そのなかのひとつの大きなかけらが、ティアマトのテーマである「母星」を受け継ぎ、テラ、つまり地球になったのです。

惑星にはそれぞれ意識がありますが、テラは非常に強い意思を持って、多くの生命を受け入れ、養育し、成長させる力を持つ惑星です。

宇宙にはたった3、4種類の植物しか育たない惑星が数多く存在するなかで、地球が圧倒的に多種多様な植物が育つのは、そういう地球の意思があるからです。

多種多様な生命を受け入れ、成長させることをテーマに持っている地球は、宇宙のなかでもっとも大きな可能性を持っているのです。

人間と進化したETの大きな違いは「所有」という概念があるかどうか

こうして地球が誕生しましたが、宇宙文明と地球文明に深くかかわるキーワードは「所有」という概念です。

たくさんお金があるほうがいい、権力を持ちたい、彼を独り占めしたい……といったような概念が生まれるのは、すべて所有という概念のなせる業（わざ）です。

この所有という概念は、今のほとんど進化した宇宙文明にはすでにありません。

かつては地球以外のエリアにも同じ概念はありましたが、地球が今陥っている状況と同じように、所有の概念によって大きな格差ができるようになりました。

また、より多くを所有することをモチベーションにした結果、戦いと競争、恐怖や不安、萎縮ばかりが蔓延（まんえん）し、多くの文明が衰退していったのです。

ですから、私たちが属している銀河群のなかでも、地球を含む天の川銀河の一部を除いて、多くの宇宙文明はすでに所有という概念から解放されています。

しかし、進化のプロセスとして、所有という概念のもとでより多くを獲得するためにスキルアップをしたり、コミュニケーション能力を高めて、人間関係を学んだりするのは大事なことでもあるのです。

何も獲得するものがなければ、そこに生きる人々は、意欲も向上心も湧かなかったでしょう。何かを手に入れたいと思うからこそ、困難を乗り越えようと努力するし、問題を解決するために物事を深く考え、創意工夫をしたりします。

ですから、今までは所有という概念によって「獲得ゲーム」に興じることで、人間の向上心が刺激されてきたのです。

その後、現在の人類種ホモ・サピエンス・サピエンスが誕生しますが、それはまだまだ先のこと。けれども読み進むにしたがって、この所有という概念が、さまざまな文明の趨勢（すうせい）に大きく影響していることがわかるでしょう。

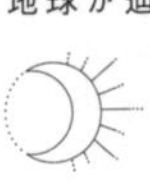
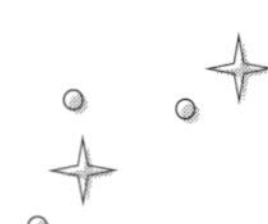

レムリア文明と共同研究所の「エデン」

地球を最初に発見したのは、琴座星系のリラ人ですが、リラ人は地球にとても興味を持ち、この惑星の可能性を研究しようと、シリウス、オリオン、ニビルなどあちこちのエリアから有能な技術者を集めました。

しかし、彼らのなかには酸素呼吸ができなかったものもいましたし、そうでなくても1日の長さが80時間以上もある環境から来た存在たちは、たった24時間で1日が終わってしまう地球の環境には適応できませんでした。

そこで、彼らに適した環境設備を備えた共同コロシアム「エデン」をつくり、そのなかで生命の研究をしていました。

彼らが地球を調査するためにエデンの外に出るときは、地球人が月に行くときのような防護服を着用していました。

旧約聖書の『創世記』に出てくるアダムとイブが住んでいたと言われている「エデンの園」は、ＥＴによる研究所のことで、これがレムリア文明の始まりです。

彼らは非常に精神性の高いスピリチュアルなグループでした。

彼らは地球、つまりテラが何を望んでいるのか、またどんな生き物を受け入れることができるのかなど、いろいろな生命体の調査・実験をしました。

ほかの惑星から植物を持ってきて育てたり、遺伝子工学の技術を駆使して、根づくことができる植物や昆虫、動物などをつくり出したり、それらの生き物が調和して生き延びることができる可能性を予測しながら、その種を植えつけ、また繁栄させていきました。ですから、今地球で見られる多くの生き物は、かつて地球外からやって来て地球に残していった生き物の子孫なのです。

この頃のレムリア文明には、まだ所有という概念はありませんでした。

手柄や成功も「誰か」のものではなく、「必然」と考えました。すべての人の調和の上に起きたことだと認識していたので、人からの評価を気にすることも、また競争することもありませんでした。

そもそも、**テラは生きていて、テラ自身の意思があることをちゃんと理解していたので、その意思と調和しながらやっていくのが当たり前でした。**

また惑星の土地を所有するという発想もありませんから、そこに生える植物も誰かの所有物という概念を持つことがなく、「テラが育てた生き物」として大切にされました。まさに惑星の可能性を、一緒に発見していこうという好奇心で成り立っていたと言えるでしょう。

しかし、彼らの一番のストレスは、テラへの適応能力が乏しいことでした。

そこで、**自分たちの代わりとなる労働力として、適応性の高い人類種をつくり出しました。**

こうして生み出されたのが地球人類です。

その当時はまだホモ・サピエンス・サピエンスではなく、ホモ・レクサスと言われる種ができた段階です。

彼らはそれなりに繁殖していきましたが、所有という概念がないので、家族制度も戸籍のようなものもありませんでした。したがって、自分たちの隷属種という扱いの割には管理体制はゆるく、彼らは比較的自由に暮らすことができました。

この点では、その後に始まるアトランティス文明に誕生した隷属種たちとはずいぶん違っていたと言えるでしょう。

レムリア時代は少なくとも2万6000年は続いたと言われています。後半の時代の変わり目になるまでは、非常に平和で穏やかな文明でした。

しかし、平和が長く続くと、次第にその状態に飽き始めました。まして、エデンには若き精鋭ばかりが送り込まれていましたから、なおのことです。

彼らは刺激を強く求めるようになり、それがちょうど地球のポールシフト（地殻変動）が起きる時期とも重なり、自然にこの共同研究チームは解散となって、それぞれが元いた宇宙のエリアへと帰っていきました。

このポールシフトで、半分以上の大陸が沈みました。残されたホモ・レクサスの中には、ごく少数生き残った者もいましたが、大量に亡くなり、レムリア文明も消えていきました。

「所有」の概念が生み出した差別と格差

ポールシフトで新しい大地ができると、そこに再びＥＴたちがやってきました。彼らのなかにはレムリア文明をつくった者たちもいましたが、新しい種族、エリート意識の高い優秀なＥＴも参加して、アトランティス文明をつくりました。

レムリア文明との違いは、所有という概念を持ち込んだことでした。

その頃はすでにほかの宇宙のエリアでも所有の概念が生まれ、盛んに「獲得ゲーム」に興じる存在が急増していました。

先述の通り、この概念は決して悪い面ばかりではありません。所有という概念があることで、競争心や野心を持ち、物事を合理的に進めようというモチベーションが生まれます。ですから物理的な利便性のために技術がスピーディーに発達していきました。

所有という概念は、新しい文明ができていくときには、いい意味でもモチベーションとして作用するので、彼らは「それを地球で行うとどうなるのか？」という好奇心から、再び地球に訪れたのです。

このように初期のアトランティス文明は、所有という概念に基づいて、最新の技術が誰によって開発されたのかを明確にし、また開発者はその技術を所有し、そしてそれを正しく評価するということを重要視しました。

こうして、常により洗練された技術が生まれていったのです。

この評価による循環は、最初のうちはうまく機能していました。ところが、しばらくすると、だんだん格差が生まれてきました。

常に成功を収めている者（グループ）と、そうでない者（グループ）が出てくるようになり、**よくも悪くも常に評価にさらされることで、あっという間にヒエラルキー社会ができあがっていったのです。**

また、アトランティス文明をつくるために地球にやってきたETたちは、先住していたET、つまりレムリア文明の消滅後も生き残っていたETたちを徹底的に排除していきました。

レムリア人も優秀なエリートたちでしたが、この2つの文明は、価値観も概念もあまりにも違っていたために、理解し合うことができませんでした。

残念なことに、レムリア人たちは奴隷以下のような存在として扱われていったのです。

こうして、「差別」という意識が、所有の概念とともに根づいていきました。

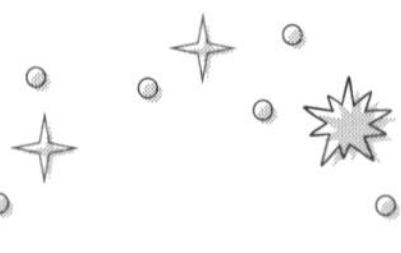

報酬や能力の格差によって生まれた新たな仕事とは

常に評価にさらされるアトランティス文明では、高い評価を受ける価値あるものを提供できる者（グループ）は、より快適な住環境や仕事環境を獲得することができました。そしてさらに高い評価を受けられるような活動ができました。

一方、何をやってもうまくいかない者、怪我などで今までできていたことができなくなってしまった者は、その逆の経験をすることになるので、どんどん精神的にすさんでいきました。

このような状況において、仕事の分野は増えていきました。

それまでのアトランティス社会には、ただ単に文明が目指す発展に貢献できる技術革新や研究に必要な技術、環境に関するアイディアを出す組織と、それらを実践する技術者たちの活動しかありませんでした。

しかし、先述したようなさまざまな事情によって、それらの活動ができない者が出てくるようになります。

そこで評価されない者たちが考えたことは、社会で活躍している者をサポートする仕事でした。

活躍している者たちは常に多忙ですから、日常生活が便利になるようなサービスを考え、それを生業（なりわい）とするようになりました。

能力の差が明確にできたことで、彼らを支えるサービス業を考えついたのです。

たとえば、それまでは薬効植物を採取し、食べていただけでしたが、その者たちのために植物を摘み、調理をし、提供するまでを引き受け、手間賃をもらうという具合です。

これは、地球で初めて「研究・開発以外の仕事」が生み出された瞬間でした。

一方、評価されないことを理由に、研究や開発を放棄する者もいました。

彼らは生きていくためにワイロや詐欺、ひったくりなどを考え、犯罪に手を染めていきました。

つまり、**評価されず分配が少ない者のなかでも、役立つことをする者と、罪を犯す者に分かれていったのです。**

ところが、その上を行くずる賢い者たちもいました。

彼らは、恐怖や不安をあおることで、周りをコントロールしようとしたのです。

それが宗教の始まりです。

ですから、その頃の宗教は言ってみれば〝社会の落ちこぼれ組〟がつくり上げたものでした。

ちなみに、今の地球上の宗教と、この時代の宗教のルーツはまったく異なるものです。とは言え、今も同じことを繰り返しているのではないでしょうか。

同じ魂が転生しているので、そのときと同じ状況を再現して繰り返しているわけです。

人類種の起源、「ホモ・サピエンス・サピエンス」が誕生した事情

今の地球人につながる人類種、ホモ・サピエンス・サピエンスは、アトランティス後期の頃、今から20万年くらい前に、ニビル星のニビル人たちによってつくられました。

ニビル人は地球人と同じような姿形をしたETで、とても優秀でした。

そして、ニビル人のアヌ王が政権を握った時代、遺伝子工学の分野に秀でていたアヌ王の息子のエアがゲノム編集をして、今の地球人類の起源をつくりました。

旧約聖書に「人は神のかたちに似せて造られた」という一節がありますが、神というのはETのこと。つまり、自分たちの遺伝子と、地球に先住していた人類種を掛け合わせて地球人をつくったという意味です。

なぜ地球人をつくったかというと、自分たちの代わりに働いてもらうためです。あまり気分のいい言い方ではありませんが、従順に言いつけを守って働いてくれる奴隷的存在がほしかったからです。

地球は酸素呼吸が必須なため、ニビル人たちも酸素呼吸ができるよう進化していきましたが、それでも適応には苦労していました。

そこで、自分たちが不適応な分、適応性の高い生き物をつくって、身の回りの世話からすべての労働をしてもらおうと思ったのです。

つまり、**ニビル人の使役動物としてつくられたのが、地球人ホモ・サピエンスでした。**

それは当然、両手両足があり直立二足歩行、指があり腕が長く、肺呼吸で多産系……といろいろ研究を重ねた結果、誕生しました。

そして今から1万年くらい前に、地球を植民地化したＥＴ組織が人間を管理するために農耕を広め、定住させようとしました。

しかし、主に肉食であった地球人は、穀物を食べるとアレルギーを起こし、場合によっては死んでしまいます。

そこでETたちは、穀物を食べられる体にするために、地球人の遺伝子を操作していきました。

地球人は、今までに最低でも22種類の宇宙種族のDNAが組み込まれてきました。

22種族からもらい受けたDNA情報のうち、何がオンになっていて、何がオフになっているかは、一人ひとり違います。

少し話がそれますが、今新型コロナウイルスのワクチンによって、人間のDNAを組み替える計画が進行していると言う人が増えてきています。

私自身は、この話は決して飛躍した話ではないと思っています。なぜなら、地球人は、今までに一度も、誰かからの説明を受けることもなく、また拒否権を与えられることもなく、何度も何度も、遺伝子を組み替えられてきましたから。

ですから、「今回もまたか」と思うだけで、そんなことが起きるはずがないとは、むしろ思えないのです。

話を戻しましょう。

人間の肉体は、労働に適した隷属種としてつくられたので意外と強く、６００～８００年くらい生きる可能性があります。

けれど、地球人が経験値をどんどん積んで賢くなると、奴隷としては扱いにくくなるので、ＥＴはあらゆる手段を講じ、あまり長生きしないようにしました。

今の人間はＤＮＡ12層のうち、一番下の階層しか使っていない状況ですから、１５０年生きるかどうかという状態です。

けれども抑圧されているさまざまな要素から解放されて、ＤＮＡが十分に活性化するようになったら、地球人のスペックは圧倒的に高まり、今とはまったく違う創造的な人生となるでしょう。

エジプトの壁画からわかる、ETと地球人の関係

地殻変動によってアトランティス文明は滅亡しましたが、その後もさまざまなETたちが地球を訪れていました。

世界中の遺跡には、明確に地球に訪れたETの痕跡(こんせき)が残っています。

たとえば、エジプトのカイロ国立博物館に展示されている壁画などを見ると、当時、地球に訪れていたETと、彼らがつくったのであろう地球人の様子がよくわかります。

当時のエジプトの王様たちは、当然、地球外からやってきたETです。

エジプトにはたくさんの巨像が残されています。遺跡の柱やそのほかの建造物の大きさに圧倒されますが、これらの巨像は実は実寸大です。ですから、建造物が巨大なのも当然のことです。

そうかと思うと、身長13センチくらいしかないＥＴの痕跡もあります。当時の地球には本当にいろいろなＥＴがきていたことがわかります。

ほとんどのＥＴが巨人だったのに対し、地球人は巨人のＥＴの膝丈くらいまでの身長しかありません。小さくて、よく働くのが特徴でした。

壁画には裸体で耳飾りをつけている姿がよく描かれていますが、これが当時の地球人です。

おそらく、この耳飾りは奴隷として誰に仕えているかを識別するためのものだったのではないかと思います。

それに対して、巨大な王様や貴族たちは、エプロンのようなものを身につけ、手にはワンド（杖）を持っている絵が多く見られます。

ワンドは両手に握られている短いステッキのようなもので、特に上層階級の者が使っていたと思われます。これは意識を拡大したり、ある特定の領域にフォーカスして遠くのＥＴとコミュニケーションを取ったり、あるいは肉体の健康維持や癒しのために使われていました。

壁画には、そのほかにもたくさんの高度なテクノロジーが使われていたことを示すものが残されています。たとえばレーザーディスクのようなものや、脳の外科手術の様子、体外受精の様子、また地球外との行き来に使ったと思われる乗り物なども見られます。

また、当時すでに占星学を駆使していたこともわかります。ETたちはいつ何を行うべきかを占星学によって知ることで、確実に目的を達成することができたとわかります。

でも、これらのことは地球人の概念では受け入れられません。ですから、カイロの大学の考古学や歴史学の博士たちにそのように話をしても信じてもらえませんでした。エジプト文明は、今の歴史的な見解よりもかなり古い時代から実際には続いていましたが、概念に縛られている以上、そのようなことを受け入れるのは大変難しいのでしょう。

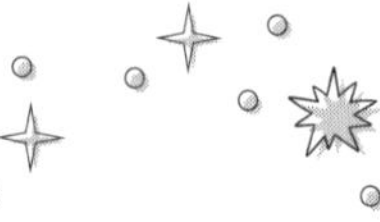

巨大シップに住み、個人データのシェアリングで発展する宇宙文明

ＥＴが住んでいる環境についてお話ししましょう。

地球のようにひとつの惑星に住むことはありません。とくに太陽系以外では、「〇〇エリア」と言って、ひとつの星系のエリアに文明をつくっています。

最近ではそのエリアがだんだんと大きくなり、ひとつの星系ではなく、いくつかの星系にできた文明同士が合併して、より大きなエリアとなっていく傾向が見られます。

昔は地球のように生物が生息できる条件がそろっていれば、惑星の上に住んでいましたが、今は星への負担があまりにも大きく、また若い惑星は地殻変動が頻繁に起こるため、人工惑星をつくり住んでいます。

人工惑星は「巨大シップ」と言われ、太陽系のなかでも大きいと言われている木星

よりずっと大きいものです。

地球のように核があり、その周りにETは住んでいてシールドが張られています。また、天体と同じように運行し、エリアごとに回廊のようなものでつながっていますから、シップ間を簡単に移動することもできますし、切り離すことも可能です。

「シップ」と聞くと、おそらく多くの人は、無機質な乗り物にたくさんの計器やレバー、ボタンがあり、最新のテクノロジーが凝縮されているものをイメージされるのではないでしょうか。

でももし、地球人が眠っている間に気づかれないようにシップに連れて行かれたら、そこがシップのなかだと気づく人はいないでしょう。なぜなら、シップにはタヒチのような自然豊かな場所もあれば、都市部のような場所もあるからです。

空も、海も、山も、太陽も、月も、地球で見ることができる光景は正確に再現することが可能なのです。

もちろん、ほかのエリアとそっくりにつくることもできます。

ですから、宇宙では環境の違いによるストレスなどを感じることは、ほとんどありません。

また、電磁波を必要としない通信テクノロジーがある上に、快適に暮らせるような技術が生活のあちこちにほどこされています。

さらに、「個々の能力がわかる」「見える」というテクノロジーも発達しています。たとえばパソコンに個人を特定するナンバーや記号を打ち込むと、その者がどんなDNAを持ち、DNA情報のどこがオンで、どこがオフになっているのかを、誰でも自由に見ることができます。

つまり、誰がどんな能力の持ち主なのかがひと目でわかるということです。

個々のデータが開示されているので、スピーディーにさまざまなアイデアを実現化する関係が形成されていきます。

すべてのデータがシェアリングされているため、誰もが個々の才能を活かすことができるのです。

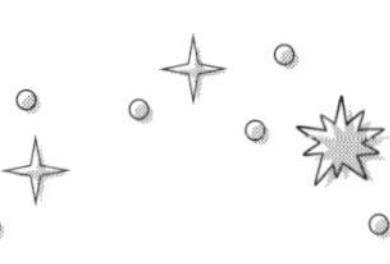

宇宙のテクノロジーは「物」ではなく「肉体」の開発が基本

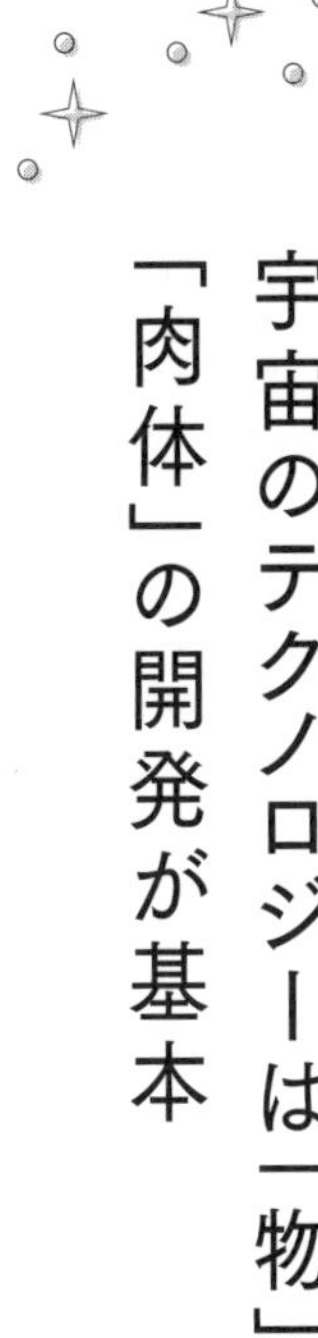

レムリア時代の創生期には所有という概念はなかったと先述しましたが、所有の概念がなければ、「この成果は誰のものか」という認識は必要ないので、自分のやったことに必要以上に責任を負わされることもありませんでした。だからこそ、正しく評価することができた面もあります。

そして何よりも、**ゆがんだ価値観を持つ必要がなかったという点が、次のアトランティス以降、現代に至るまで続いている社会との大きな違いです。**

ただ純粋にみんなにとって心地いいこと、楽しいこと、便利なことを探求していたわけです。

そして開発されたものに対して、誰かが利用する権利を持つということもないので、みんなのために確実に役立つことを研究していました。

まずは肉体というものの機能を十分に研究し、その可能性が拡大していくことを優先します。たとえば、暑さ寒さに耐えられる肉体の機能を開発するのです。

それは冷暖房機器を開発するということではありません。

今のようにお金を優先させると、お金儲けができる「もの」を開発するようになってしまうのです。

人間の肉体の可能性を研究して、人間そのものがハイスペックになってしまうと、病気はなくなります。すると、次々と病気をつくり、その都度薬を販売するという限りない利益の循環をつくることはできなくなってしまうため、肉体の機能を開発することは現代社会では優先されません。

新型コロナウイルスのワクチンなどは、いい例のように思います。動物実験も行われていないので、直接人間を使って試してみるしかないような状態です。もし、このワクチンを接種することによって遺伝子組み換えが起きたなら、どんな変化が起きるのかを明示しないのは、みなさんの基本的な人権が無視されているということではな

いでしょうか。

所有という概念のない宇宙文明では、肉体のスペックを高めることが優先され、物質的に依存するテクノロジーの研究・開発は優先されません。

人間のスペックを高める研究・開発とは、健康維持にかかわる免疫力や抵抗力の問題、また視力や運動神経のほか、学習にかかわる記憶力や情報処理能力、集中力、判断力、自己管理能力など多岐にわたります。その結果として、必然的に教育中心の社会構造となっていきます。

宇宙の植民地から解放された地球

地球は宇宙から見ると、天の川銀河のはずれ、辺境の地にあります。それなのに、なぜこんな小さな地球にわざわざたくさんのＥＴたちがやってきたかと言うと、これほどまでに**多種多様な生命種を繁殖させ育てている惑星は、宇宙において地球のほかになかったからです。**

そこで、地球を「生命の実験場」のようにしていたのです。

さまざまなＥＴがさかんに地球を訪れ、干渉してくるなか、今から約1万3000年前、地球は宇宙に存在していた所有欲の塊のような巨大勢力に呑み込まれ、その勢力の植民地となりました。

そして、地球は天の川銀河の辺境の地に位置していたこと、またどんな種族も受け入れる惑星だったことから、囚人を送り込む流刑地になったのです。

流刑地となった地球に送られてくる者のなかには、手に負えないような犯罪者もいれば、非常に優秀な社会活動家や教育者、科学者もいました。

優秀な者たちは非常に公平な感覚を持っていたので、偏った価値観の押しつけや、格差の激しい社会を正そうとしたため、営利をむさぼる特権階級にとっては目障りな存在となり囚人にされたのです。

こうして地球は、玉石混淆（ぎょくせきこんこう）の状態になっていきました。

このように、地球はＥＴたちの権力抗争に巻き込まれながら翻弄され、さまざまなトラップをかけられてきた歴史があります。

ちなみに、地球が流刑地から解放されたのは、今から約２３００年前です。

しかし、長い間ＥＴの植民地とされていたので、地球人は解放されたことにまったく気づいていません。

それどころか、自分たちが奴隷である自覚を持つこともなく、見事に隷属をやり続けています。

人間がETから家畜のような扱いを受けていたと聞くと、「ETはひどいやつらだ」という印象を持たれるかもしれませんが、実は人間だって似たようなことをしています。

たとえばニワトリを5羽も6羽も足がつかないくらいの小さなケージに入れて養鶏し、食べています。乳牛の扱いはもっと劣悪です。

過去には、宇宙でET同士が戦いを始めると、自分たちの代わりに人類種に戦わせるなんてこともありましたが、これも人間がやっている闘犬、闘牛、闘鶏などと同じようなものです。

ETに心はないのかと思うかもしれませんが、鶏や豚や牛、そして地球からしたら、人間に心はないのか、と言われているのと同じなのです。

人間は自分たちがETにされてきた以上のことをやっているわけです。植物に対しても、海の生き物に対しても、そして何よりも絶大な恩恵を受けている地球に対してさえ、ひどい扱いをし続けてきました。

かつて、ＥＴ同士が縄張り争いのようなことをするときもありました。『古事記』や『日本書紀』にもそのことは書かれています。

「国譲り」という話をみなさんご存じだと思いますが、先住していた出雲族の文明をあとから降臨してきたアマテラス派が奪い取る、つまりクーデターが起きたという話です。

「上の如く下も然り」という言葉がありますが、宇宙で起きていることは地球でも起こり、世界で起きることは、国内でも起きています。

今はもはやＥＴの奴隷ではありませんが、それよりたちが悪いことに、同じ地球人同士で奴隷扱いをしています。

つまり、今まで支配してきたＥＴのポジションに、しっかりと収まった地球人がいるように思います。その人たちは、それまでじっとＥＴのやり方を見て学んできたのでしょう。

私たちはこの小さな惑星で、まるでチェス盤に載せられた駒のように、同じ地球人による殺戮（さつりく）とパワーハラスメントゲームのために戦わされてきました。

まさに**人間の社会は、ＥＴたちがつくった社会のフラクタル（相似形）構造そのも**

のです。

しかし今、新しい時代を迎えて、私たちに何が起きていたのか、なぜ私たちはこんなに勤勉に働き、学び、従順に従っても幸福にはならないのか。そのことを改めて考えるべきときがきています。

私たちが今後、独立した地球文明を地球人の手によってつくり、さらに宇宙文明と公平で健全な関係をつくるためには、たくさんのことを学び直す必要があるのです。

そのためには、惑星が地球社会や個人に与える影響を学ぶこと。

そして、それぞれが魂の計画を知り、それを実現化するために、どんな経験を通して何を学ぶべきかを読み解くことが必要です。

そのためにも占星学を習得することは、これからの常識として必須だと私は考えています。

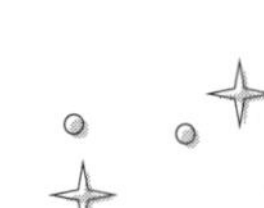

地球の未来を担うのは日本なのか？

「今後、日本人は世界のリーダーとなる」といった話がＳＮＳなどでささやかれているようです。

でも宇宙意識からしたら「こんな小さな地球なのに、なぜ国にこだわるの？」という違和感があります。

かつてのイスラエルの民（今のイスラエルではなく）の遺伝子を持つ人は、地球で重要な役割を果たす可能性があるのは事実です。

でもこの遺伝子は日本ばかりでなく、アフリカにも、ヨーロッパにも、モンゴル、中国、チベットなどにも広がっていますから、必ずしも「日本が」という言い方はできないでしょう。

全体からすればごく少数ですが、その人たちは遺伝子ばかりでなく、魂にも宇宙の中心である「イズラエル」の記憶を持った人たちです。

その人たちが目覚め、やるべきことを始めたら、たしかに新しい時代の新しい社会をけん引していく力となることは間違いないでしょう。

これまでお伝えしてきたように、この地球にやってきたETは本当に雑多です。非常に優秀なETもいれば、手に負えないような極悪非道なETも送り込まれてきました。ですから地球も、とても優秀な人間と、とても冷酷な人間が一緒に住んでいるような世界と言えます。

そして何世代も経て、ハイブリッドが生まれてきます。

たとえば、頭はいいけれど極悪非道な人、頭は悪いけれど精神性は高い人など……。

このように多種多様な人類をどう調和させるかが大切であり、国籍は問題ではありません。

得意なことを、気づいた人たちがやる。それが風の時代、水瓶座時代らしいあり方です。

これからは、誰かがリーダーシップを取るという考え方や、誰かが旗を振らないとできないという考え方ではなく、みんなが自分自身の個性や能力を、社会のために遺憾なく発揮してシェアしていく時代なのです。

「ドーパミン」によって崩壊したアトランティス文明から学ぶこと

ここまで見てきたように、文明にはさまざまな盛衰があります。

レムリア人は、穏やかでスピード感にはほど遠い生活をしていましたが、目の前のタスクに追われない分、不自由な感覚には敏感に反応しました。ですから不自由で不快な感覚があれば原因を探求し、すぐに改良する研究に取り組みました。

また常に自分たちが豊かで心安らかな、快適な生活を維持し、この惑星や自分たちの可能性を顕在化し、開拓することをモチベーションとしていました。

一方で、所有という概念があったアトランティス人は、いい評価を受けて物や報酬を受け取ることがモチベーションでした。

そして、承認欲や所有欲の神経回路が発達していきました。

その結果、報酬系の神経回路が発動し始め、「ドーパミン」という快感物質が頻繁に放出されるようになりました。

実は現代人にも、まったく同様のことが起きています。ドーパミンこそが「真の報酬」と言ってもよいでしょう。

現代人のみなさんは、ドーパミンが非常に高い常習性を持つことを忘れてはなりません。

アトランティス人は、今の人間よりは〝ドーパミン依存症〟になる確率は高くはありませんでした。それでもドーパミンほしさに、どんどん所有の方向に向かっていったのです。

ドーパミンには強烈な常習性があることが、次のような実験によりわかっています。

ラットの脳神経に仕掛けをして、ケージの隅にあるレバーを押すと、ドーパミンが投与されるようにしました。

最初の2回は、レバーを押す動作とドーパミンが投与されて快感を得ることの相関性を、ラットは理解できなかったのですが、3回目には見事にそれに気づきます。

するど、もともときれい好きで、子育てもきちんとする働き者のラットが、何もせずに1日に3000回以上もレバーを押し続けました。

と言うことは、人間もドーパミンほしさに報酬系の神経回路を常に刺激したいという欲求があってもおかしくありません。

実際、人から評価されたり、いいとされる行いをしているときや、また目的を達成できたとき、努力しているときなどは、報酬系の神経回路が作動しています。

今の人間は常にそのような状態ですから、人はなかなか自分自身のために生きることや、幸福を純粋に求め、そのために必要な取り組みをすることが苦手なのかもしれません。


アトランティス文明は、テラとの調和を忘れて、テラの意識とは真逆な方向に進んだために不調和を起こし、再びテラが起こした地殻変動によって滅んでいきました。

このように両極端を経験した地球は、次の新しい文明をつくる分岐点に立っています。

今はまさに、レムリア文明からアトランティス文明に変わったくらいのパラダイムシフトが起きるタイミングです。

私たちは今、それくらい大きな転換期に立っているのです。

vol.3

限りない可能性と霊性を持つ私たち

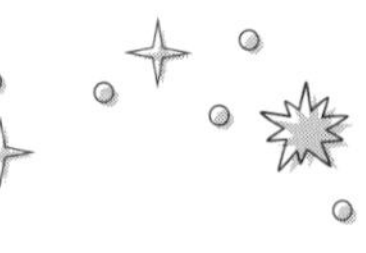

私たちの本質は、あらゆる可能性を秘めている

ＥＴの労働力としてつくられた地球人ですが、それは肉体に限る話であって、魂はＥＴと同じ世界からきているものです。それが「空（くう）」です。

空とは、すべての根源のことです。

空自身は物理的には何も存在しない、ただの真っ暗な闇の広がりでしかありません。そこにあるのは、「可能性」のみ。

あえて擬人化して言うと、素粒子で満たされた量子場である空は、その潜在的な可能性を感じていました。なぜなら、あらゆるものは素粒子から生み出されますから。

そうだとしたら、その可能性を知りたくなりますよね。「自分自身にどんな可能性があるのか知りたい」「自分に潜在している無限の可能性とはなんだろうか？」と、

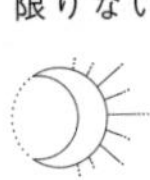

空が自分の可能性に思いを巡らせたことがすべての始まりです。

その思いこそが空のモチベーションとなったのです。

そこで空は、自分自身が持つ限りない可能性を顕在化するため、創造の仕組みをつくりました。

私たち自身はもちろん、思考も感情も、物も出来事も、あらゆるものは素粒子のコンビネーションからできています。つまり、ここにあるすべてのものは空の可能性です。

それを自らが経験することによって知り、知ったことが空に反映されるというわけです。

ですから、いいことも悪いことも、空にとっては可能性のひとつなのです。

地球は物理的、物質的な次元です。物理的に肉体を持った自分と自分以外のものがあることで、経験が起こります。ただ真っ暗な空間に自分しか存在していなかったら、何も経験できません。

自分を定義するには、それ以外のものが必要だということは先述の通りです。

自分以外のもの、つまり自分とは違う人、物、動物、植物などが存在するから出来事が起こり、その出来事に対して感情が湧き、考えや知恵となり、それらが経験となります。

もちろん、望んでいないような出来事につらい思いをするかもしれませんが、空からすると、すべての経験は「自分」を知り、新たな可能性を開くための素晴らしい出来事なのです。

ですから、**起きる出来事にいいも悪いもありません。**

私たちは空の可能性の化身として、自分自身が担ってきた空の可能性の一部を知る大きな役割があるのです。

自分自身に好奇心を持ち続けることこそ、空に近い状態で存在していることになるのです。

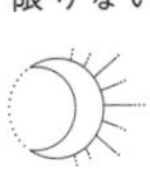

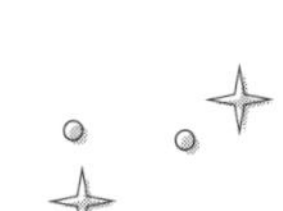

神様とは何者か？

「神」と聞くと崇高なイメージを持つ人も多いと思いますが、どういう意味で使うかによって、だいぶニュアンスも変わってきます。

たとえば、先にも触れました村上和雄先生は、「神」＝「サムシング・グレート、大いなる存在」という意味で使われていました。

「神＝森羅万象を司るもの」という意味で捉えるなら、神と呼んでもかまわないと思います。

神はまさに素粒子ですね。

目に見えるものだけでなく、微生物もウイルスも、そうした小さな生き物たちもすべて、神の化身として存在していて、すべてがバランスを取っているのです。

人間は約60兆個の細胞からできていると言われていますが、その細胞にはミトコンドリアという微生物がいます。また、体内にも皮膚にもたくさんの常在菌たちがいますから、人間だって微生物の集合体です。

この宇宙全体は、そうした微生物で成り立っていますが、宇宙ではそれらを「神の有能な僕（しもべ）」と呼んだりします。

一方で、**神社などに祀（まつ）られている宗教上の神は、地球外生命体、つまりETです。**

日本の神話やギリシャ神話のように、世界中の神話にはいろいろな神が出てきますが、それらはすべてETです。

『古事記』『日本書紀』『ギリシャ神話』『シュメール神話』などさまざまな神話がありますが、どこの国のものでも、この地球で文化文明を最初に築いたのは人間ではなかったということです。

神話を読むと、平気で人を殺す神、憎しみに燃える神、いじける神などいろいろなキャラクターの神々が出てきますが、決して全知全能ではありません。むしろ私たちと同じか、それ以上におおらかに感情のままに生きていますね。

むやみに崇めたり怖れたりするのではなく、神の概念をハッキリさせておくことは、新しい地球文明をつくるために必要なことだと思うのです。

なぜなら、ETたちを神と表現するのであれば、私たちも同じように神にほかならないからです。

私たちは、隷属種としてつくられたことには違いありませんが、それでも霊的な意味では彼らと何も変わりません。ですから、これから先みなさんは、自分自身のスピリット、つまり**霊性に対して権威を取り戻し、外側の何かに権威を譲ることなく、自分を尊重し、自分に対して敬意を払うことを学ぶ必要があります。**

人間の呪縛、「因果応報」という概念

今、社会では地球温暖化が問題になっていて、それによって気候変動に大きな影響が出ているとされていますが、天文学的に見れば地球の変動期にあたる現象と見るほうが自然です。

実は十数年前、世界中の約６００名の科学者が一斉にインターネット上で、「国連の言っている地球温暖化現象はでっちあげだ」と発表したことがありました。たまたまその記事を夫が読んでいて、「すごいことになっている！」と興奮していたことを思い出します。

でも一瞬のうちにそれらの記事は消されて、なかったことにされました。消された理由にはいろいろな意味が含まれていると思いますが、ひとつはエコは新

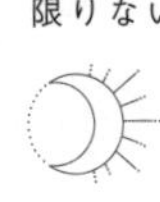

たな産業を生むということ。ですから、新たな市場を獲得できる人たちにとって、「地球温暖化は嘘」だという記事は都合が悪いわけです。

ただ、それだけではないように思います。一部の特権階級の人にとっては、「人間の活動が気候変動を誘発し、地球を衰退させる」というニュアンスを社会に与えることで、「人間はいつでも悪いことをして神を怒らせる」「バチがあたっても仕方ない」という伏線を引くこともできるのです。

キリスト教には、人間はもともと罪を負っているという「原罪」の思想がありますし、また仏教にも閻魔(えんま)大王に裁かれる「地獄」があります。

人間にとって「バチがあたる」という概念は、恐怖を植えつけてコントロールすることができる都合のいいことのようです。

これは因果応報という考え方ですが、別名「カルマ」とも呼ばれます。

カルマを「過去に犯してしまった過ちに対する償い」と考えている人も多いと思いますが、**宇宙の霊的な世界には「過ち」「償い」という概念は存在しません。**

過ちではなく「経験」、償いではなく「智恵」、もしくは「叡智」として祝福されるものなのです。

ですから、単純に**カルマとは「魂が探求すべきテーマ」のこと。**

テーマとは、その人にとってのコンプレックス、解決できない問題、心に引っかかる問題などで、それらは全部カルマです。

私たちはカルマという課題を解消して、新たな可能性を現実世界に創造するために生まれてきたのです。

以前、来日したダライ・ラマ14世がテレビ番組のインタビューで「カルマは心のなかの葛藤だ」と言っていました。

私はなんてわかりやすい表現だろうと感心しました。なぜなら、答えがわからない、何がベストなのかわからないから、葛藤するのです。

「なぜ？」と疑問に感じることは、すべてカルマです。

ですから、そのような疑問を大切にして探求することはとても重要です。

そういう意味で言うと、「裁き」は存在しません。一見、よくないことをしている人たちも、霊的な視点に立ってみると、人々に気づきを与え、目覚めさせるための役割なのかもしれません。

宇宙は裁きません。どんなときも、どんな存在にも、愛以外の接し方はしないのです。

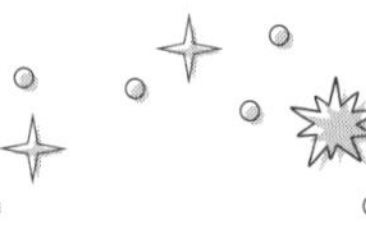

幽界はなくなった！「輪廻転生(りんねてんしょう)」は地球にしかけられたトラップ

輪廻転生という言葉をひとつの単語として捉えている人が多いと思いますが、これは「輪廻」と「転生」という2つの言葉の組み合わせです。

人は死んだら輪廻転生してまた生まれ変わると言われますが、ETは「転生」はしても、「輪廻」はしません。

輪廻とは、何度も繰り返し生まれては死に、死んではまた元の世界に生まれてくるという、終わりのない生と死の繰り返しのこと。

転生とは、死後新たな計画のもと、自分の意思でどこかの世界（地球以外もあり得る）に生まれる、もしくは移行することです。

本来、地球人は肉体の死を迎えると、魂はアストラル界に移行します。

アストラル界とは5次元以上で、魂が集まったソウルグループをさらに統括するマスターソウルに戻る前段階を経験する世界です。

アストラル界で何をするのかと言うと、生きていたときに持っていた概念から自由になるためのリハビリテーションを受けます。

地球独特の概念や価値観などによるジャッジメントから自由になって、自分の未来の可能性を計画し、次はどんなふうに生きるのかを決めて希望するエリアに転生します。

ところが、約1万3000年前、地球を植民地にしていたETは、流刑地となった地球で死んだETがアストラル界に戻ってこられないように、「幽界」というトラップを設置したのです。

幽界、つまり「あの世」と地球を行ったり来たりさせ続けたのです。

一方、転生の場合は、魂は新しく取り替えられます。

ここで魂について説明しておきましょう。

魂とは、厳密に言うとスピリットを入れておくための被膜のことです。

スピリットは、空気と一緒で個別化することができません。でも肉体を持ってどこかに生まれるためには、「私」を形成する必要があります。

その際、情報であるスピリットを個別に分けるための被膜を魂と言います。この膜は意思も意識もある有機的なものです。

死んでアストラル界に戻ったら、魂の中身、つまり今回の人生はどんな経験をして、どんな価値観を持って生きたのかを検証し、次の人生はどうするかを決めるのです。

その際に、「この経験は使えるから次に持っていこう」「この経験はもう必要ない」などと魂の中身を入れ替え、被膜である魂も新しくして生まれます。これが転生です。

ところが、輪廻を信じ、幽界というトラップにはまっていると、この検証ができません。そればかりか、幽界でもなお、よき奴隷でいるためのマインドコントロールをされ、情報を抜き取られてしまいます。

さらには、魂の被膜は使い古しのままでヨレヨレです。つまり、地球に生まれた時点で、すでに疲弊しているという状態なのです。

転生の場合は、魂が決めてきた使命を覚えているので、その目的に向かって生きることができますが、輪廻の場合は記憶を消されるため覚えていないのです。

仏陀はそれを「四苦八苦」と表現しています。生まれてきても苦、年をとるのも苦、病気になるのも苦、死ぬのも苦。つまり、この世は苦痛しかない世界だから、もう二度とここに生まれてきてはいけない、輪廻の輪から一刻も早く抜けなさい、と言ったのです。

地獄もなければ、閻魔大王もいません。けれども人間は、ずっとこの状態で地球に縛りつけられてきたのです。

しかし約2300年前、地球は流刑地の役割がなくなったため、2014年頃から幽界の仕組みが外され始めました。

幽界がなくなったということは、つまり、**地球人全員が輪廻の輪から外れたということです。**

今回死を迎えても、もう輪廻はありません。幽界に閉じ込められることなく、全員がアストラル界に還れます。

けれど、自ら好んで〝幽界もどき〟の世界をつくり出す人間は多いのです。

〝幽界もどき〟の世界をつくる人は、善悪のジャッジがきつい人です。

たとえば、「コロナ禍でマスクをしていない人は、けしからん」と根拠のない正義感を振りかざしたり、「たくさん勉強をしないと、いい人生を送れない」と教育ママになったり。

本人はいいことをしていると思っているのですが、地球の偏った概念に染まってジャッジするので、せっかく輪廻が外れていても、潜在的に「霊界で裁かれなければいけない」と思ってしまうのです。

そうして、いつまでも自ら輪廻にとどまってしまうのです。

すべてに対して、ジャッジして裁くクセを手放すこと。そして「自分は裁かれない」と思って生きることが、〝幽界もどき〟の世界から逃れる方法です。

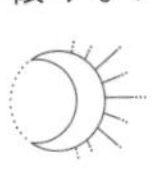

「どんな気づきを得たか」「何を実践したか」を宇宙に持ち還る

私たちは肉体の死を迎えるとアストラル界に還るということは先述した通りですが、そこは昆虫も動物も人間も、地球に生きたすべての生命が還る場所です。

そこでは傷ついた魂をリハビリしてニュートラルな状態に戻し、何のために生まれ、どんな目的だったのか、どれだけのことを習得し、何を知って、どんな経験をしたのか……ということをまとめる作業をします。

より洗練させて抽象度を高め、汎用性のある情報として1冊の本を書くようにまとめ、それを持って本当の自分のルーツであるマスターソウルに還っていくのです。

これが「ブック・オブ・ライフ」と言われている魂。つまり、「人生の書」「生命の書」であり、宇宙の共有財産となります。

マスターソウルは、姿も形もない意識の世界ですが、いろいろな魂がいろいろなエリアで経験した気づきがインプットされています。

そしてどこかのエリアに転生するとき、そのなかから必要な気づきや情報を持っていくわけです。

私たちは、マスターソウルにどんな経験を持ち還るか、それを考えることが大事です。

たとえば、「あの人に傷つけられた」という経験も、俯瞰(ふかん)してみると、その人に傷つけられたおかげで、気づけたことがあるはずです。

霊的な意味では、そこが一番重要な部分です。

「誰かに何かをされた」というのは、どうでもいいのです。その出来事から「どんな気づきを得たか」「どんな知恵を得たか」、そして「どれだけ新しい可能性が広がったか」「どれほど素晴らしいアイデアを実践したか」ということを持ち還ることが大事なのです。

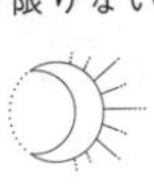

魂の計画に沿って生きることと、心身の健康には霊的な深い関係がある

地球では、「薬が病気を治す」と思われていますが、宇宙ではすでに病気というものが存在しないので、薬という概念もありません。

多くの場合、病気とは魂の計画からそれたとき、魂からの合図を無視した結果として起こります。

初期の合図は、他者からの言葉や目についた言葉、出来事などを通して送られます。それでも気づかず、魂の意図から大きく外れるようなことをし続けていると、「立ち止まってよく考えなさい」という意味で、怪我をしたり病気になったりして、その活動を続けることができない状態になるのです。

一方、ＥＴたちの場合は自分の魂の計画を覚えているので、それに反するようなことはしません。だから病気にもならないのです。

逆に魂の計画上、どうしても病気を経験しなければならない場合もあります。

たとえば、病気を経験することによって、肉体の仕組みを理解したり、肉体と感情、意識の相関性を学ぶ必要がある場合や、また自ら痛みや苦しみを経験することで、人の痛みや苦しみを理解し、それを乗り越えるサポートをするような計画がある場合などです。

個々の魂は、この世界に肉体を持って生まれ出てくる前に、それぞれが属していたマスターソウルが掲げるテーマを探求するために、この人生でどんな人と出会い、どんな経験をするか、たくさんの可能性を計画してきています。それは言い換えれば、人間として生まれてきた理由や目的でもあります。

でも、魂の計画に基づく行動や選択は、社会的な概念や価値観とは不一致で、むしろ相克（そうこく）するような面を持っていることも少なくはありません。ですから、人が社会意識を優先した生き方をしていると、だんだん苦しくなってくるのは当然です。

そのような状態は、みなさんも経験しているはずです。

たとえば、なんだか胸が苦しいとか、いいことをしているはずなのに心が晴れない、むしろなんとなく重たい気分になってしまう、などということはないでしょうか。「どうしてこんな思いをしているのか？」と思っているうちに、先ほど挙げたようなサインがやってきます。

反対に、社会的には何の価値もないようなことをしているにもかかわらず、とても清々しい気持ちになったり、自分が強くなったような気分がしたりすることはないでしょうか。

このように、**気分や気持ちとして現れる感覚はとても純粋で、魂からのメッセージを示してくれていることが多いのです。**

宗教の教えを受けた人たちやスピリチュアルな勉強をしてきた人たちは、肉体や感情は多くの欲求を持ち、貪欲でレベルの低いものだと考えがちのようです。

しかし、実際にはまったく違っています。むしろ、肉体はとても高度な記憶や判断力を持っています。

なぜなら、肉体の約70％は水だからです。

水はあらゆることを記憶して、新たな可能性に向けてどうあるべきかを明確に判断し、示すことさえできます。

このことについては、水の研究をしている世界中の科学者たちが、すでに気づいています。

たとえば、みなさんは風邪をひいたとき、体温が上がります。

実は、**水は37度でいっせいに不要な情報を手放す仕組みがあるのです。**

体温を上げることで、病気のもととなっている情報を手放すわけです。そう考えると、温泉療法は非常に理にかなっています。

ちなみに、地球の次元が上がったこの時期は、心がザワザワしたり体調を崩す人も多いはず。実はみなさんの細胞内の水の分子構造が、今急速に変化しています。だから変調があるのは当然です。

もし、体調や気分に変化や不調があれば、それはこれから起きることをちゃんと細胞が受け取っている証拠です。肉体もバージョンアップして変容しようとしているのですから、「私の体はちゃんと機能しているんだ」と思ってください。

だるくなったり、熱や咳が出たり、湿疹が出たりなどは、適応するために肉体が調整しているのです。

ここまで述べてきたことからも、基本的に肉体が原因で病気になっているわけではなく、病気になる原因は精神的な部分にあるのではないかと、だいぶ多くの人が気づくようになってきました。

しかし、もう一歩深く理解する必要があります。

その精神の状態は、さらに霊的な問題、つまり魂の目的と深く関係しているということです。

ですから、**まずはじっくりと自分自身に向き合い、ゆったりと温泉につかりながら瞑想でも行うほうが、薬を用いるよりも圧倒的に高い効果が期待できます。**

なぜなら、このようなやり方は、肉体的に効果が見られるだけでなく、重要な気づきをもたらしたり、魂の計画に即して大きくシフトさせてくれる可能性が高いからです。

魂の計画を無視し続けて、健康であり続けるのはあり得ない、と知ることです。

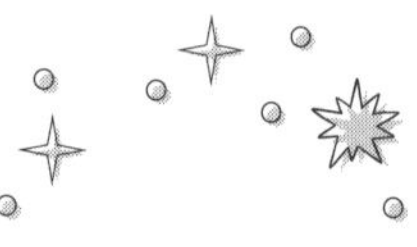

自分は指人形か？指人形を操る存在か？

魂の計画や目的と言うと、「そんなことわからない」と言う人もいますが、それは自分自身がちっぽけな存在だと思っているからです。

魂は、肉体のなかに入っているのではありません。

魂が肉体を抱えています。肉体よりずっと魂のほうが大きいのです。

「体のなかに魂が入っている」のと「魂が体を抱えている」のとでは、まったく感覚が違いませんか？

前者は体のなかに縛りつけられている閉塞感（へいそくかん）がありますが、後者だと自由に視野が広がる感じがします。

たとえてみれば、指人形が私たちの肉体で、それを操っているのが魂です。

指人形が自分だと思うと、狭い視野になって当然です。

一方、魂の視点（操っている自分）で指人形を見れば、大きく全体を見渡すことができます。

指人形同士がやりとりして、何かうまくいかないとき、魂の視点から見ることによって「ストーリーを変えよう」という発想になれますね。

けれども、多くの人は指人形が自分だと思っているので、近視眼的にしか見られず、自分は行動力もストーリーを変える力もない存在だと思い込んでしまうのです。

また**魂同士もコミュニケーションを取っています。**

たとえば、あなたはいつも理不尽なことを言う上司にストレスを感じているとしましょう。

そんなとき、あなたの魂は「今は苦しいけど、もうちょっと頑張れば成長するはず」と言い、上司の魂は「わかった、じゃあ悪役を続けよう」と言うように、あなたと上司の魂は合意の上、ということもあるのです。

また、あなたにとってはつらい失恋も、あなたと相手の魂同士が「これ以上、この恋愛を続けると、私たちは共依存の関係に陥ってしまい成長できない」などと合意して、失恋の経験を共有していたりするのです。

つまり、**魂は地球を生きる私たちに、ちょっとした困難や試練を与えて、成長させようとしているのです。**

そう考えると、現実で起こることはすべて、魂のはからいということなのです。

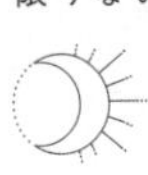

人は「生かされている」のではなく、「生きる選択」をしている

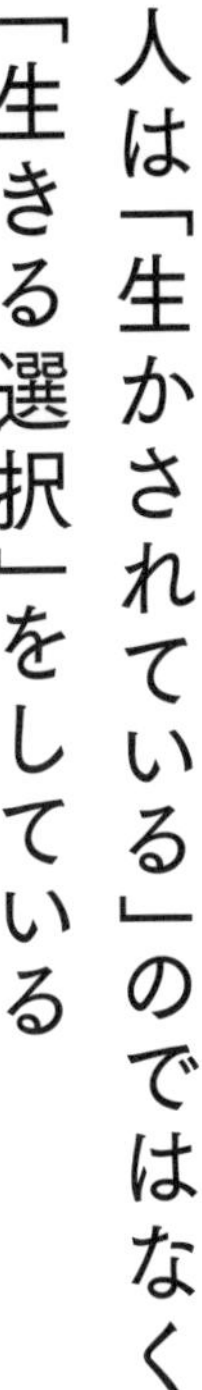

人間がもっとも怖れていること、それは「死」ではないでしょうか。
みなさんは病気で死ぬこと、事故で死ぬこと、事件に巻き込まれて死ぬことなどを怖れているかもしれませんが、どんな死に方であろうと、私たちは自分の意思で死んでいます。

「何か」「誰か」のせいで死んでしまうということは、誰においてもありません。

以前、20歳にもならない息子さんを自殺で亡くしてしまったお母さまが、私のセッションを受けにいらしたことがありました。
お母さまは息子さんを亡くしてしまったショックはもちろんのこと、自殺だったことから、あの世で永遠にさまよい続けているのではないかと息子さんを心配し、自分はどうしたらいいのだろうかと憔悴(しょうすい)し切っていらっしゃいました。

そのとき、私は「自殺はよくない」ということが一般的な常識だと知らなかったので、「自殺以外の死に方がどこにあるんですか？」と聞いてしまいました。

なぜなら、病死も、事故死も、飛び降り自殺も、魂の意思で死んでいるからです。

そこに区別はありません。

人によって死に方が違うのは、人間は輪廻転生して何度も死んでいるので、いろいろな方法を経験したいからです。

繰り返しますが、魂の世界に善悪はなく、すべては経験なのです。

本来、魂は自由に肉体から出たり入ったりできるものです。

ですから、たとえばがんになってもう治らない場合、死ぬときに苦しい思いや、痛い思いをするのが嫌だと思ったら、肉体を置いて魂だけ自由に抜けることができるのです。

けれども、人間は長い間囚人扱いをされてきたため、そんな自由は許されないと思

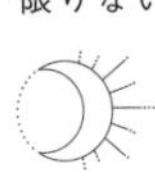

い込んでいるのです。

死が怖いと思うのは、魂が肉体から自由に抜けられないと思っているからです。

死んだときが寿命であり、それは魂が「そろそろ還ろう」と思うタイミングなのです。

先ほど自殺した息子さんのお母さんの例を紹介しましたが、自分が5回自殺未遂をしたという方にセッションをしたこともありました。

この方は自殺を試みたものの死ねず、次はさらに慎重に死ねる方法をとったそうです。それでも死ねなかったので、さらに確実に死ねる方法で自殺しようとしました。でも、何度死のうとしても奇跡が起きて助かるのです。それで「どうして私は死ねないのですか？」と相談にいらしたのです。

その方の魂を見ると、死ぬことに同意していませんでした。

ですから、「残念ながら、あなたの魂はまだ死ねないと言っています。この先、乗った飛行機が墜落してもあなたは生き残ると思います」と私は言いました。

魂が同意していなければ、どんな方法でも死ねないのです。

生死のイニシアチブは魂が取っているということです。

魂が死ぬことに同意したならば、本人に迷いはありません。だから高いビルの屋上からだって飛び降りることができるのです。もし魂が死ぬことに同意していなければ、屋上から下を覗き込んだ途端、怖くて足がすくんでしまうはずですよ。

私たちは、誰かに、何かによって生かされているということはありません。自分の意思で生きているのです。

間違ってはいけないのは、意思とは決してエゴではないということ。エゴから死んでしまおうと思っても、そうはいかないということです。

自分の意思とは、高次の「意志」であり魂の計画です。

魂が生きると決めていたら、生きる。すべてあなたの選択した結果なのです。

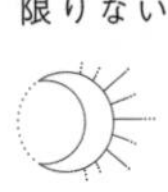

「肉食か菜食か」ではなく、「食べるか、食べないか」

最近ベジタリアンが増えているようですが、何を食べたらよくて、何を食べたらいけないと考えるのはナンセンスだと思います。

先述してきたように、地球人類の遺伝子には、たくさんの地球外からやって来た人類種たちの情報が組み込まれています。その数は少なくても22種あります。その情報の組み合わせは個々で違う上に、どの遺伝子情報がオンになっているのかも違います。

ですから、どんな食物が自分に合っているかは、個々で見極める必要があります。

誰かが肉食はよくないと言い出すと、そうなのかと納得してしまう傾向があるようですが、肉食が悪いわけでもありません。動物性のたんぱく質は、効率よく体を支えてくれますからね。

肉は消化が悪いと考えるのも概念であり、肉食に向いている体であれば、すんなりと消化できるのです。

もちろん菜食が悪いわけでもありません。ただし、自分の体に合っていなければ、かなりアグレッシブになる傾向が見られます。

なぜなら、必要な栄養の情報が得られなければ、細胞が空腹状態になり、脳も体もサバイバルモードに切り替わるからです。

つまり、危険な状態であると判断して、緊急時に備える態勢に入るのです。

そして、危険要素を素早く察知するために、まず感覚が研ぎ澄まされていきます。

よく菜食になると感覚がクリアになるという話がありますが、自分の肉体に菜食が合っていれば、情緒が安定し感覚もクリアになるかもしれませんが、そうでなければ、サバイバルモードになってクリアになっているのです。

すると、必要以上に過敏な状態になり、リラックスできません。交感神経から副交感神経に切り替わることがなかなかできないので、不安や恐怖を疑似体験するようになって攻撃的になるのです。

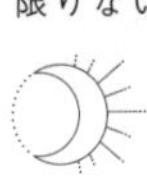

自分の体に合う食べ物は、いろいろ試してみて自分の体を通して知るしか方法がありません。

しかし、現代社会の食糧事情は難しい問題をたくさん抱えています。菜食が体に合っていたとしても、残留農薬の問題や、土壌に力がないためにエネルギー不足の野菜が多くなってしまいました。

また、肉や魚を食べるにしても、家畜に抗生物質やホルモン剤を投与している問題や、餌に防カビ剤を使っている問題などがあります。

養殖魚に至っては、目も当てられない事情がたくさんあり、かと言って天然の魚は海洋汚染によって重金属を含んでいるなど、本当に安全な食べ物がどこにあるのか？と叫びたくなるような状況です。

何を食べるにしても、もっと根本的に、国民全体が食産業に意識を向けて、助け合う精神が必要ではないでしょうか。

極端な話をすれば、**人間は食べなくても生きることができます。**

たとえば、水の研究をしている人のなかには、その成果から食べなくても生きられるということがわかっている人がいます。

どういうことかと言うと、たとえばみかんを食べた場合、みかんのビタミンＣが体に取り込まれるわけではありません。ビタミンＣの分子構造の鋳型が、体に作用を起こすのです。

と言うことは、水分子にビタミンＣの鋳型をコピーさせれば、みかんを食べなくてもビタミンＣは摂取できるというわけです。そのような仕組みが肉体にはあるのです。

また、私は電磁波などを極力避けた状態で、数時間ほどエネルギー補給のためのトレーニングを行うと、生体エネルギーを最大に充電できるので、その後はまったく食事の必要はありません。むしろ食べることができなくなります。

もちろん、そうすることがいいという話ではありません。

しかし、人間は「食べなければならない」という思い込みによって、無意識にさまざまな制限をつくっているようにも思えるのです。

食事は生きるためのものではなく、本来は仲間とともに豊かな時間を過ごすための

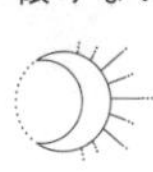

ものです。また、美味しいという感覚を共有して、心をつなげる手段でもあります。

結局のところ、突きつけられているのは、「食べるか、食べないか」ということです。

食べる選択をするのであれば、食にかかわる生産者との対話がもっともっと必要でしょう。今回のコロナ禍で、生産者には国からの補償が何もないというのはあり得ないことです。

ほとんどの人が食べる選択をしているのですから、体に合っているものを食べるためにも、食育や食産業に対する協力は優先すべき大切なことです。

日本人本来の特性を取り戻す

日本人は協調性があると言われていますが、国やマスコミ、世間や学校が言うことに足並みをそろえ、「みんなと同じ」ではない人に対して厳しい姿勢をとるのは、とても危険です。

これからは自分のアイデンティティを明確にすることで、社会全体の調和がとれていく時代だということを肝に銘じなくてはなりません。

日本人は昔から勤勉な民族というイメージがあるかもしれませんが、こうした風潮が始まったのは実は終戦後です。

この本が出版される5月に、私が主催しているクオンタム・ライフ・プロジェクトというグループで、大正時代の夫婦について描いたお芝居をします。そのため参加者

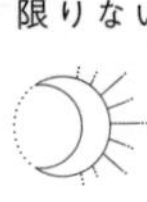

のみなさんと、大正時代についていろいろ調べました。

すると、当時の日本人はもっとも働かない人たちだったということがわかったのです。世界中でもっとも怠惰だと言われ、作業効率はワースト1。物を大切にしなければルールも守らない、そんな民族だったのです。かなり意外ですよね。

この頃の日本は第1次世界大戦の戦勝国だったので、国民全体が意気揚々としていました。サラリーマンが日中から酒を飲んだりビリヤードをしたりして遊ぶのは当たり前。「大正ロマン」「大正モダニズム」という言葉がありますが、今のようにせわしない時代ではなく、とても優雅でした。

若者たちも夢を持ち、新しいことに挑戦するような気概にあふれていました。

画家であり詩人の竹久夢二は「大正時代は一番日本文化が発展した時代ではないだろうか」と言っていますが、それくらいロマンチックで感性が豊かな時代でした。

もう少しさかのぼって江戸時代を調べてみても同様です。

江戸時代は参勤交代があったので、道路の整備工事や、大名などが居住する家の建設ラッシュでした。そこで大工仕事の人のためもあって、公衆浴場がたくさんできたそうです。

町のあちこちにある銭湯には、武士も農民も職人も商人もやって来て、そこは無礼講の世界です。

刀を持って風呂に入ることはできませんから、武士は風呂屋の2階に刀を預けました。

2階はやがてお風呂上がりの人たちが集うサロンになっていきます。身分に関係なく碁を打ったり、他愛もない会話をしたり、喧嘩も頻繁に起きていたようです。言いたいことを言い合いながら、それでも和気あいあいとした時間をともにできる場所でした。

またそこは、町民の意見を将軍に届けるための大切な情報収集の場でもあったようです。

江戸時代は庶民的な芸能や歌舞伎などが発展しましたが、それも遊び心があったからだと思います。

また、ほとんどの人が長屋に住んでいたので、助け合いが普通です。「うちの醤油が切れたけど、隣にたんまりあるから、まぁいいっか」という具合です。

助け合えばなんとかなる、働かなくてもなんとかなる、というとてもおおらかな時代でした。

この頃は離婚も再婚も堂々と認められていましたが、昭和になると離婚は恥ずべきことという風潮になってしまったのは不思議なことです。

江戸時代は細かいところにまでルールがあった時代でもありますが、反面、とても自由で開放的でもありました。本来は、このような開放的で実直な性質が、日本人らしい面なのではないでしょうか。

今は満員電車に乗り、お金のために必死で働き、ストレスを抱えて自殺率も世界のトップレベルです。

もっとゆるい気持ちで自分を自由にしてください。本来の日本人の感覚を取り戻し、宇宙感覚も呼び覚ますことで、クリエイティブな人生が創造できるでしょう。

宇宙感覚を磨くレッスン

vol.4

現実を変えるとてもシンプルな方法

ここまで読み進めてきて、地球の価値観と宇宙の価値観はだいぶ違うことがご理解いただけたでしょうか。

ここからは、新しい時代に必要な「宇宙感覚」に慣れていくための実践法をお伝えします。

そこで、まず初めにお伝えしたいのが、自分を変える方法。

スピリチュアルが好きな方のなかには、現実を変えるために「カルマを解消しなければ」などと思ってさまざまな方法を試みたり、あれこれ試しても変わらないと悶々（もんもん）としている方もいらっしゃいますね。

でも実は現実を変える方法は科学的に証明され、また「法華経」の「十如是（じゅうにょぜ）」とい

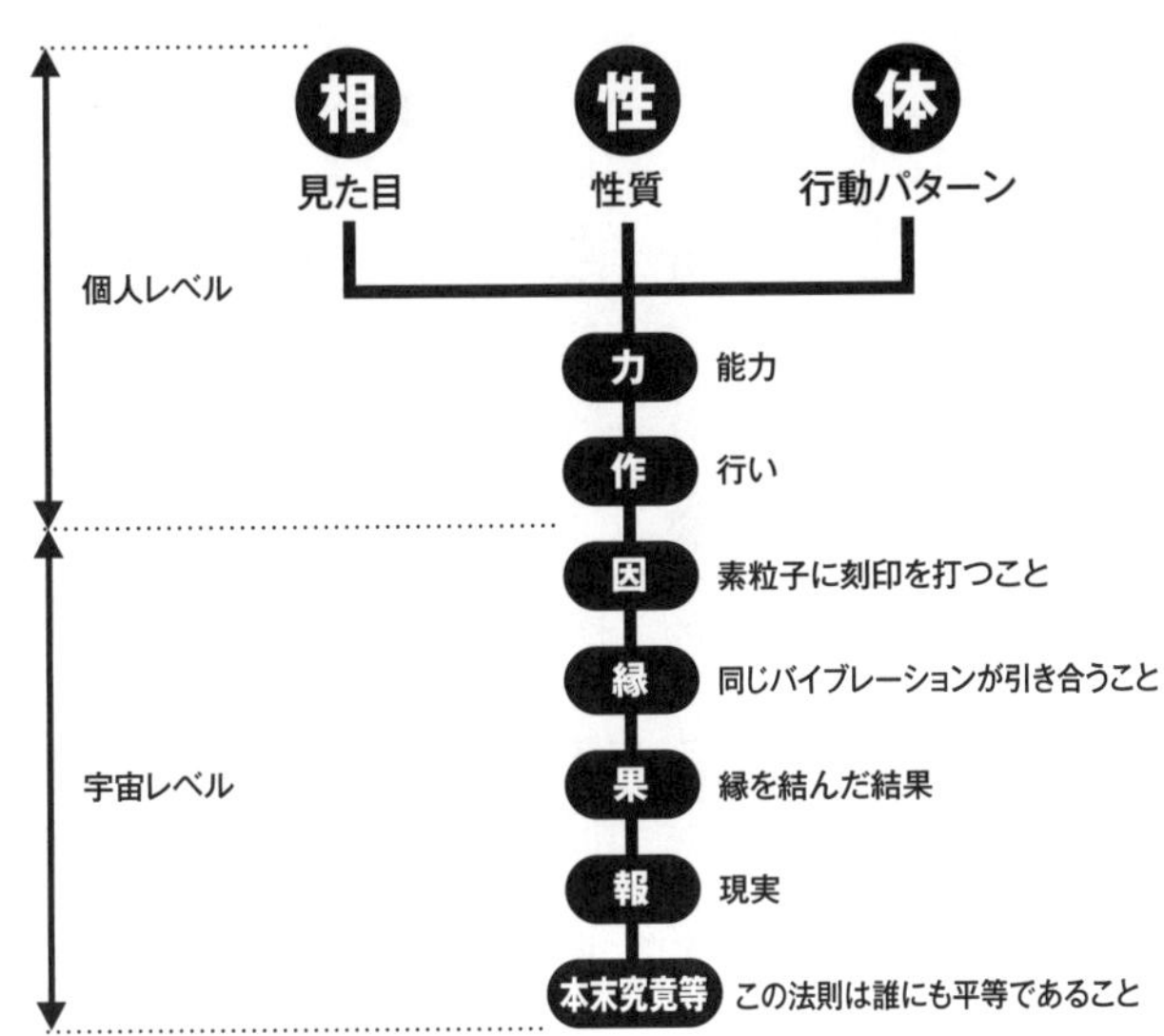

う因果律でも表されています。

「十如是」とは、あらゆる存在にそなわる法則を10の側面から見たもので、宇宙、万物の法則とも言えるものです。

10の側面とは、相・性・体・力・作・因・縁・果・報・本末究竟等。

「相」とは姿形。つまり目に見える様子のこと。

「性」とは性質のこと。

「体」は「態」と表したほうがわかりやすいのですが、いわゆる習慣化されたパターンのこと。

つまり、この姿形をして、こんな性質を持った人が、こんな行動パターン、思考パターンを持っているというのが、

私たちのありようだということです。

その人が、どんな能力やエネルギー（力）で、どんなことを行う（作）のか、というのが私たちの日常です。

「因」とは、因を結ぶという意味で素粒子に刻印を打つということ。

「縁」とは、同じバイブレーションを持つ者同士が引き合うこと。

「果」とは、縁を結び合った結果のこと。

「報」とは、その結果の報いであり、現実のこと。

「本末究竟等」とは、これらの法則はすべての事象に平等に当てはまるという意味です。つまり、これが科学的な法則だと言っているのですね。

もし現実が気に入らないのなら、まずは「相」か「性」か「体」にアプローチするといいでしょう。「相」「性」「体」のどこかを変えれば、必ず「報」（現実）は変わるからです。

そう考えると、「現実を変えるために、カルマを解消しなければいけない」という考え方は、なんだか罪の意識を負わされているように感じませんか？

現実世界を創造する方法に、罪の意識は関係ありません。「こうしたらこうなるよ」という具体的なものです。

これを徹底してやったら誰だって変わるのです。「本末究竟等」、つまり例外なく誰にでも起きる、とまで書かれているのですから。

こんなふうに現実世界の創造は、量子物理学を理解することで可能になります。

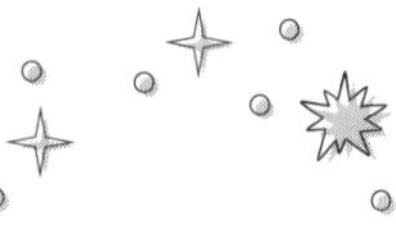

今までとは違う外見と習慣を取り入れる

「相」「性」「体」のなかで、もっとも簡単なものは「相」、つまり見た目を変えることです。

私がよく講座で生徒さんたちに話すのは、「クローゼットに入っている洋服を見て、次に服を選ぶときは、そこにない色の服を買ってください」ということ。

クローゼットを見るとわかりますが、たいていの人は、同じような色の服が多いはずです。たとえば紺、黒、グレーなどのベーシックな色が多い人は、そこに明るい色を入れるだけでずいぶん印象も変わります。また、いつも大きめのゆったりした服が多い人は、体の線に沿った美しいラインが出る服もいいですね。

買い物に行くときは、自分のことをよく知らない人の意見に従うのがおすすめです。

自分だけで買いに行っても、ブレーキがかかって思い切ったチェンジにはなりませんし、友だちに「まったく違う服を選んで」と頼んでも、頼まれた人があなたに気を遣って、あなたが好みそうな服を選んでしまう可能性もあるからです。

ですから、自分のことをよく知らない人にお願いして、「今日は絶対この人に従う」と決めて一緒に買い物に行き、選んでもらうのが効果的です。

「どうなりたいのか」「どういう現実にしたいのか」というゴールを設定した上で、これまでの自分では絶対購入しない服を手に入れてみてください。

最初は着心地が悪いかもしれませんが、それで着るのをやめてしまったら、今まで通りの現実が続くだけ。

今までとまったく違う服を買ったら、少しでも現実に変化が起きるまで、それを着てみることが大事です。

また、髪型を変えるのもおすすめです。美容師さんに「思い切りイメージを変えたいので、お任せします」と言ってみたり、あるいは先入観を持たれていない別の美容室に行ってみるのもいいでしょう。

簡単そうに感じる外見のイメージチェンジですが、こだわりや評価癖が強くある人にとっては難しいかもしれません。

でも、それだけに、その人にとっては特に大きな効果が見込めるとも言えます。

たとえば、清楚な雰囲気に見られることにこだわっている人が、いきなり「髪をパープルに染めましょう」と言われても受け入れられますか？　女の子らしいスタイルばかりしている人が、いきなり髪をバッサリとショートヘアにして、ハンサム系のパンツスーツを選ぶことができますか？

おそらく、ほとんどの人が抵抗しますよね。抵抗するということは、概念に縛られているからです。

ちょっとした勇気は必要かもしれませんが、努力や頑張りなどは関係なく、すぐにできることです。

自分になかった発想を「面白い」と思って実践できるか、今までの概念から抜け出せず抵抗するのかで、現実は変わります。

まずは面白がって、ひとつでも外見を変えて、現実がどうなるか実験してみてください。新たな自分の可能性が出現するかもしれないのです。

また「体」、つまり習慣化された行動を変えることも日常に取り入れやすいでしょう。たとえば、朝起きてすぐにスケジュールをチェックする習慣をやめて、食事を済ませてからにするとか、毎日同じ時刻に起きて、同じ時刻に家を出て同じ電車に乗っているなら、時間を変えてみるなど、とにかく習慣となって無意識にやっていることを変えてみると、意外な変化が起きます。

あなたは常に〝どんな現実でも選択できる権利〟を持っていて、あなたの姿や性質、習慣との相関性が一致する現実を選んでいるのです。

結果、望まない現実ならば、再び「相」「性」「体」のいずれかを変えればいいのです。だって現実はすでに何万通りも用意されていて、そのなかから選んでいるだけなのですから。

「認められたい」から「認められる」に変える

クライアントさんの話を聞いていると、「いつもフラれてしまいます」「いつも仲間外れにされてしまいます」など、「いつも私はダメなんです」とおっしゃる人がいます。

こういう人は、「人から認められない」というパターンを繰り返しているので、認められるという経験をしていません。心のどこかでいつも「自分は認められない」と思っているのです。だから「認めてもらえない経験」しかできないのです。

こういう場合は、**考え方を「認められたい」ではなく「認められる」というように完了形に変えてみましょう。**

「認められる自分」なら、どんなふうになるか、前項で紹介した、「相」（見た目）、

「体」（行動パターン）を変えてみてください。

たとえば、「認められたい」と思っている人は、たいがい人目を気にした服装をします。つまり好感度の高い服装や髪型にするでしょう。でも「認められている」と自信を持っている人は、自分が好きな服を着ています。どんな服を着ていても「認められて当然」と思っているからです。

また、人に認められるために自分の言いたいことを封印している人は、「認められている」という前提で、思い切って率直に話してみるのもいいですね。

もちろん、ある程度のＴＰＯは必要ですが、「私は認められる」と思うことで、チャレンジできることはたくさんあります。

こうして見た目や行動パターンを変えていくうちに、気づけば「認められる自分」になっているはずです。

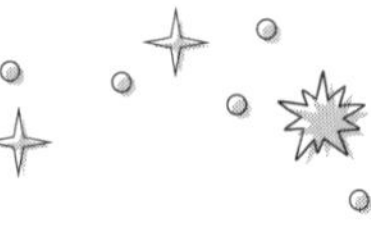

自分の幸せをとことん真剣に追求する

自分を変えると言っても、どの方向に変えていくのかは、あなたの魂がどんな目的を持っているかによります。

繰り返しますが、みなさんは誰もが魂の目的を持って生まれていますから、そこに気づくことはとても重要です。

生徒さんたちからは、「どうしたら、自分の魂の目的を見つけられますか?」「どうやったら、自分の魂の記憶を取り戻せますか?」という質問を多く受けますが、方法はとっても単純。

自分の幸せを、とことん真面目に、真剣に、本気で追求するだけです。

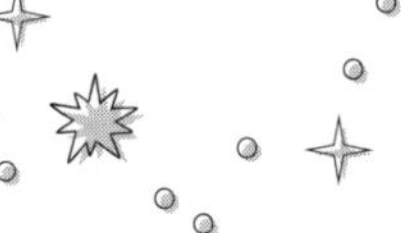

なぜかと言うと、自分の幸せと人の幸せは違うからです。

恋人がいて幸せな人もいれば、いなくても十分幸せな人もいるし、人と楽しく過ごすことが幸せな人もいれば、1人の時間をじっくり楽しむことが幸せな人もいます。また、社会的な成功を目指すことが幸せな人もいますし、そんな野心にはまったく無関心で、バックパックひとつで旅をすることが幸せな人もいるでしょう。

自分にとって何が幸せなのかは、本当にそれぞれ違うのです。

場合によっては、自分の幸せを追求するために、勇気が必要になることもあるでしょう。今の社会の概念から外れたことをしなければならないこともあるからです。たとえば、徹底的に不倫に走らなければならない人もいるかもしれないし、貪欲にお金儲けをしなければならない人もいるかもしれません。逆に、お金儲けにはまったく興味がないのに、パートナーにせっつかれて働いているなら、仕事を辞めなければいけないかもしれないし、結婚したけれど幸せではないなら、離婚をしなければならないでしょう。

さらに離婚をしても、1人でいるほうが幸せなのか、新しいパートナーを見つけたほうが幸せなのかは、やってみないとわかりません。

こんなふうに、自分を本気で幸せにしようとすると、自分は何に興味があって、何が好きなのかをとことん探求しなければなりません。

どの瞬間も幸せにフォーカスして、取り組み続ける必要があります。貪欲に、がむしゃらに、純粋に、です。

カウンセラーなどに自分の魂の目的を聞く前に、まずそれをやってみてほしいのです。

魂がその人の不幸を願うはずはありません。

でももちろん、幸福までの道のりには幾多の困難があることは言うまでもありません。魂が与えてくれる幸せは、成長というプロセスが必須だからです。でもそれを回避してしまえば、幸せに至ることは当然できません。

それでも、幸せを感じるために必要なものは、誰もがすでに持っています。そして、それを使って自分の手でゲットするというゲームを魂はやっているのです。

だから、自分が幸せになることに意識を向けて、それを目的に生きていけば、魂の計画から外れるはずがないのです。

けれど、多くの人は「お母さんが愛してくれなかったから」「お父さんが認めてくれなかったから」と、自分の不足感を親や誰かのせいにするクセがあるようです。

それは本気で自分の幸せのために生きていないということです。ただ、生きるために生きているだけで、真剣に自分を幸せにしようとしていません。

何かのせいにして、この程度の幸せで満足だと、自分をごまかそうとしているのです。

これからますます魂の目的、魂の計画を生きる時代になりますから、そういう意味では、今の地球の混乱はいいきっかけとなるでしょう。

ストレスをためてまで、今の仕事をする必要があるのだろうか？

本音を言えない人間関係を続けていいのだろうか？

私はいったい何を楽しみ、何を喜びとするのか？

そうした問いかけをすることで、魂の目的を思い出せるはずです。

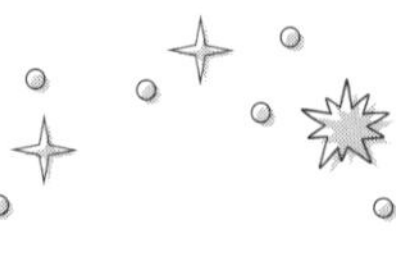

魂と肉体の関係を再構築して、肉体からのメッセージを受け取る

私たちが魂の目的に気づくには、あなたと肉体の関係性を再構築することも大切です。

スピリチュアルな学びをしてきた人たちは、肉体を軽視する傾向があるようですが、でもよく考えてみてください、私たちの肉体の約70％は水です。

この「水」こそ、私たちの霊的な側面を映し出す鏡としての機能を持っています。

ですから、**身体的な反応は、まさにあなたの魂からのメッセージと捉えることができるのです。**

たとえば、概念的には嫌なことが起きているのに、肉体的にはそんなに悪い感覚ではなかったり、逆に望んでいたことが起きているのに、なんとも落ち着かない奇妙な感覚があったり……。このように、思考と肉体の感覚が不一致なときは、よく観察してみる必要があります。

肉体の反応を受け止めて、目の前で展開されている現実に対して、「私の魂は、なぜ私にこの現実を経験させるのか」と考えることが必要なのです。

これは、肉体を通して魂と対話するということです。

肉体は、現実世界を生きるみなさんのエゴと、霊的な側面である魂の架け橋としての機能を持っているとイメージするといいでしょう。

肉体が感受したことが魂にフィードバックされ、それによって新たな経験を自分自身に与える……これを繰り返しているわけです。

それを自分のエゴを肉体に押しつけて、「ダイエットしなきゃ」「シミやシワを消さなきゃ」なんてやっている場合ではありません！　そんなことをしていると真の幸せを逃すことになってしまいます。

私たちの肉体は魂に抱えられているというイメージで、日々過ごしてみてください。

魂の視点に立って俯瞰して自分を見ることができるようになると、霊的視点を持てるようになるので、起こる出来事を受け入れて、その意味を理解できるようになります。

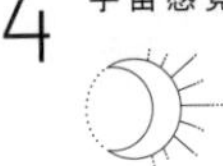

「ジャッジ」をやめて自分を愛する

宇宙感覚を身につけるには、時間軸から抜け出すことが大切ですが、そのためにもジャッジメントするクセを外すことが重要です。

人間は善か悪か、何事につけてもジャッジしがちですが、ジャッジをしていると客観的な視点が持てないので時間軸から抜け出すことができません。

肉体は指人形のようなものと先述しましたが、指人形を操る魂の視点になって、指人形の自分を見ると、「せちがらい世のなかで、あんなによく頑張って動いてるなあ」と思いませんか？　健気（けなげ）に生きている自分を愛さずにはいられないでしょう？

最近「セルフラブ」という言葉をよく聞きますが、魂の視点がないと、自分を愛することが難しくなります。

多くの人は毎晩、「今日はあんなことしちゃった」「こんなこともしちゃった」と反省会をしていますが、**客観的な視点を持てたら、「それも必要なこと」「だったら次はどうしたらいいか」という発想ができます。**

それができるようになると、もう自分を不要にジャッジすることはありません。

ちなみに宇宙では、「私はミスなく丁寧な仕事ができますが、人より時間が必要です」とか「私は大雑把(おおざっぱ)ですが、早く仕上げることができます」、「私は歯に衣着せずに言いたいことをズバズバ言えます」なども立派な能力です。

けれども人間は画一的な価値基準に縛られているため、「時間がかかり過ぎるのはよくない」「早くできてもミスがあるのはよくない」「言いたいことを言ったら相手を傷つけるからダメ」と、ついついジャッジしてしまいます。

ジャッジのない宇宙では、これらはその人特有の素晴らしい能力としてみなされるのです。

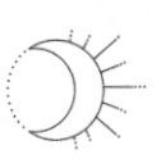

物事にいい悪いはありません。大切なのは、その要素を「何のために活用するか」ではないでしょうか。

地球のルールに縛られずに、魂の視点で自分を見つめてあげてください。
そうすれば、ジャッジすることなく今の自分を愛せるようになり、「今ここ」に意識をフォーカスできるようになります。

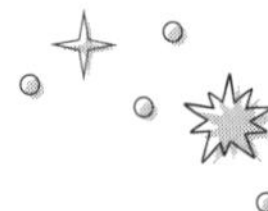

恐怖に打ち克(か)つ方法

自分を幸せにしようと思うと、どんどん行動やチャレンジをしていくことになりますが、恐怖が先に立ってなかなか行動に移せない人もいます。

たとえば、今の仕事を辞めたいけれど、次の仕事が見つからないかもしれない、生活できなくなるかもしれない、という不安で押しつぶされそうになったりします。

また、恋人と関係を解消したいと思っていても、別れるのは悲しいし勇気がいる、そして寂しくなるのは嫌……なんて人もいるでしょう。

そういう場合は、恐怖や不安をなんとかしようとするのではなく、自分をそのまま怖がらせておけばいいのです。

怖い気持ちを否定したり誤魔化す必要はありません。「怖いよ～、怖いよ～」と思

いながら、行動すればいいのです。
大切なのは、やりたいと思っていることに、忠実になるということです。

恐怖心を抱えている人は、実は実際には怖い思いをしたことのない人です。ただ想像して怖がっているに過ぎません。

たとえば、ジェットコースターに乗る前は「怖いな〜」と思っていても、いざ乗ってみたら楽しかったという経験はありませんか？　それと同じで、怖いのが嫌、苦しいのが嫌と言っている人は、それを経験したことがないからです。

実行するときは、恐怖なんて感じている余裕はありません。だから、実際はたいして怖くないのです。

私は、「よし、こうしよう」と思ったら、恐怖を想像する前にまずやってみます。あとから振り返って、「怖いことしたな」と怖がればいいと思っています。

怖いことも寂しいことも、全部自分に許可してあげればいい。

そういうときって、意外とリッチな気持ちになれるものですよ。

私は4年前に夫を亡くしましたが、そのとき、大人になってもこんなに号泣できるということにびっくりしました。私は「こんなに泣けるくらい夫のことを愛していたんだ」と思うと、とても幸せだと感じたのです。

そして意外なこともわかりました。亡くなってしまったことで、「いつか失ってしまうかもしれない」という恐怖から完全に解放されたのです。

私と夫は24時間一緒にいるような生活をしていたので、夫が亡くなったとき、不思議な違和感と強烈な喪失感に見舞われました。

そして、もっと興味深いことに、自分のなかで何かが分離していました。こんなに悲しんでいるのに、頭でも死んだとわかっているのに、「あの店に行ったらいるかもしれない」「家に帰ったら、『ごめ～ん、驚かして』って笑って出てくるかもしれない」と思考しているのです。

つら過ぎて妄想を描こうとしていたのかもしれませんが、そういうつらさも十分味わっておこうと思いました。

このように感情を味わい尽くす時間は、自分をとても豊かにしてくれました。

こんなふうに豊かな気持ちになれるなんて、まったく予想できませんでした。

ですから、「湧いてくるすべての感情は、全部彼からのプレゼント。すべて味わい尽くそう、彼が残してくれた遺産なんだ」と、全部受けとめることにしました。それはすごく贅沢な時間でした。また、こんなにも豊かな心になれる自分を誇らしく思えました。

感情を避けるなんて、もったいないことです。

どんな感情も全部受けとめてみてください。もちろん、恐怖も不安もです。

私も夫が病に倒れてから亡くなるまで、ずっとずっと不安でした。そして彼を失うことは怖かった。でも、そうなってみたら、すべてが愛であり、私は常に愛に包まれていることに気づけました。

コンプレックスを最強のアイテムに変える方法

どんな感情でも避けずに受け入れると、感情に振り回されなくなります。今感じていることを受け入れるというのは、「今ここ」に意識を集中しているということだからです。

それは、感情まみれになって自分が見えなくなることとはずいぶん違います。

感情に振り回されてしまうようなとき、過去に抑圧した感情が抑え切れなくなって吹き出している状態です。

つまりそういうときのマインドは「過去」に支配されています。

人間は落ち込んだり、悲嘆にくれたりという「ドラマ」が大好きで、そうした経験はたしかに魂の成長には必要です。しかし、これをいつまでも続けていては、時間軸から抜け出すことができません。過去が未来を支配しているという時間軸から逃れられないままです。

あらゆる可能性は可視光線領域に点在していますが、感情まみれになっている間は可視光線領域に意識をシフトさせることができません。

ですから、感情的になりそうになったら、その感情を「ちょっと待って」と横に置いておく訓練をしましょう。

まず、自分が感情に振り回されているときの状況を思い出してください。そのなかで一番嫌だなと思う感情は何かを書き出してみましょう。

・隣の席の人の貧乏ゆすりにイライラ！　それが怒りになって集中できない
・大事なプレゼンの前は不安が押し寄せてきて心身のコントロールができないし、思うようにパフォーマンスを発揮できない
・自分の意見をみんなに否定されて、無力感で自分に失望してしまう
・一緒にいても仲間外れにされて疎外感がある

いかがでしょう？　その人なりのパターンがあるはずです。

それらはあなたのコンプレックスです。

でも、コンプレックスを持っているのは悪いことではありませんから、否定したり落ち込んだりする必要はありません。「ああ、ここが自分のコンプレックスなんだな」とわかるだけで大丈夫。

実はコンプレックスこそ、可能性を開く最大の鍵となります。

あなたを振り回す感情を客観的に見るということによって、コンプレックスが自分にとっての最強のアイテムに変化するきっかけを見つけられるかもしれません。

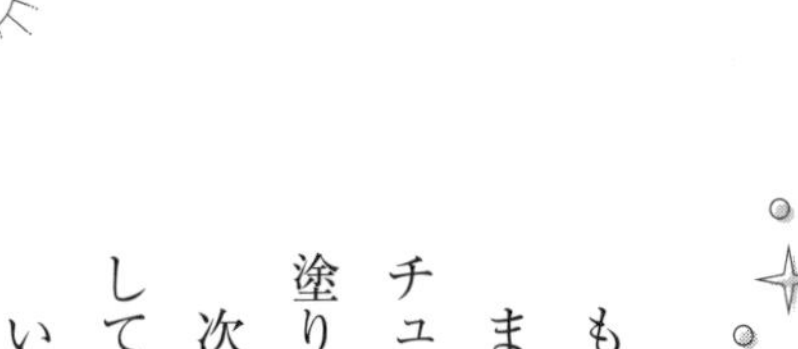

感情を吐き出して客観視する塗り絵のワーク

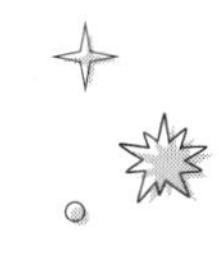

もうひとつ、感情を客観視できるようになるワークをお伝えしましょう。

まず、小さな子ども用の塗り絵を用意してください。複雑な大人の塗り絵でなく、チューリップや電車、犬など、単純な線で描かれた塗り絵がおすすめです。そうした塗り絵が見つからなければ、自分で紙に簡単な形を書いてもかまいません。

次に、使いたい画材を選びます。クレヨン、色鉛筆、水彩絵の具などいろいろ用意しておくと、そのときの気分で選べるのでいいですね。

いよいよ塗り始めますが、「お花だからピンク」という観念に囚われることなく、そのときの気分や感覚にまかせて、自由に塗ってみましょう。

線からはみ出してもいいし、塗らずに余白に違うものを描いてもかまいません。

チューリップを塗っていたけれど、塗っているうちに炎にしたくなったなら、その気持ちに忠実に従ってください。

こうして自由な感覚で塗り絵をすると、感情のエネルギーである潜在的なフラストレーションが塗り絵に移し出されます。

自分の感情が塗り絵を通して吐き出されたとたん、自分と一体化していた感情が、目の前の形や色となって表現されるので、心が鎮まっていくのです。

そればかりではありません。目の前に現れたのは、**あなたのもっとも純粋なエネルギーであり、意識であり、また潜在的な可能性でもあるのですから、それを読み解くことで、新たな可能性に気づくこともあります。**

でも、塗り絵をしたあとは、無理にその意味を考える必要はありません。スッキリしたらそれでOKです。

ただ、ここではなぜ塗り絵が感情のワークとして有効なのか、以前ワークショップを開催したときに実際にあった例を挙げて説明します。

たとえば、ピンク色で大地を塗った場合、「現実に縛られ過ぎている」という意味があります。

本来、黒や茶色の土をピンクで塗るということは、現実逃避したい自分がいるのかもしれません。

また、ピンクは愛情の色でもあるので、自分のなかにある愛情に気づく必要があるという意味かもしれません。

このとき大事なのは、自分をジャッジする材料にしないことです。

むしろ、自分の母になったように「現実逃避したい自分がいるんだなぁ」と客観的に温かく見てあげることです。

こうした視点が持てると、安心感が得られて、ちゃんとグラウンディングできる状態をつくれるかもしれませんし、母のような温かい思いに触れることで、愛情に支えられた感覚を無意識に受け取ることができるかもしれません。

大地を黄色で塗った場合は、「希望を見たい人」です。黄色は光だからです。何か希望がほしいということは、自分のなかに希望があるということです。

アトピーの症状を持つ子どもたちに塗り絵をしてもらうと、クレヨンでガシガシと塗り始める子もいます。その様子はまるで痒(かゆ)いところをかいているかのようです。気が済むまでさせていると、不思議と皮膚の赤味が消えていきます。

ある女性は、舞妓さんの塗り絵の顔を真っ黒に塗りつぶしました。それは、自分の容姿に対するコンプレックスを意味します。

彼女に「スッキリするまで塗っていいよ」と言うと、今度は着物を毒々しい色で塗り出しました。最後まで塗り切ると、彼女の顔色がよくなっていました。

このとき、19歳の女性もいました。彼女は舞妓さんを塗らずに、舞妓さんの周りに星ばかりを描き、また隅っこの余白を真っ赤なクレヨンで強く塗りつぶし続けました。

彼女は幼少期に性的虐待を受けていたのですが、舞妓さんは「性の象徴」で、周りに星を描くというのは、希望を持ちたいということ。隅っこを真っ赤なクレヨンで塗りつぶしたのは、彼女にとって性器を意味していたのかもしれません。

塗り絵に集中してだいぶスッキリしてきた頃、彼女は残った余白にきれいな緑とピンクで蝶々を描き始めました。

蝶々はメタモルフォーゼ（変容）の象徴です。感情を浄化したあとに出てきたものは、羽ばたきたいという希望でした。

こんなふうに塗り絵をしてみると、隠れた自分の側面が出てきます。

感情を手に取って見られるようになるとスッキリしますので、ぜひ楽しみながらやってみてください。

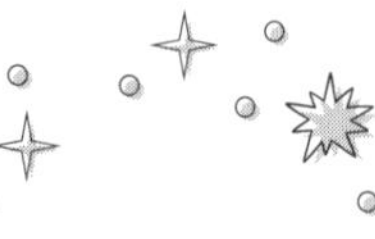

迷ったときは「できない」から「今はやらない」へ転換する

「彼に告白したいけど勇気が出ない」「海外に行ってみたいけど時間がない」「起業してみたいけど私には無理」「自分を変えたいけどできない」……など、やりたいことはあるけど、「できない」「無理」という言葉を並べていませんか?

よくこの世界は「仮想現実」と言われますが、それは、ここにあるすべては空（くう）の可能性がホログラムとして現れている、という意味です。

あたかもそれは実在しているかのように見えるけれど、実は空の持っている潜在的な可能性を、自分のマインドを通して映写機で映し出しているようなものです。

そういう世界に肉体を持って生まれてきたということは、やりたいと思うことを全部実現化させるということです。

やりたいと発想できることは、記憶としてすでにあることです。

記憶は過去のものだと思っているかもしれませんが、そうではありません。

未来の可能性も、魂にはすべて記憶されてきています。

ですから、お金持ちになりたかったらなるもよし、貧乏人になりたかったからなるもよし、と自由なわけです。

ところが、多くの人は本当に自分自身が望んでいることなのか、概念的に望んでいることなのか、その区別がつかなくなっています。

本当はそんなに大金がほしいわけではなくても、「お金はあったほうがいい」という概念から望んでいたりするわけです。

魂がやりたいことは、迷いなくできるはずです。そして、そのための道が開かれていきます。

迷っているようなら、魂がやりたいこととは違うのかもしれません。

本当に迷わないときは、「迷わないって、こういうことなんだ！」とわかりますよ。

たとえば、離婚することに迷いがない人は、周りがどんなに反対しても別れますし、フリーランスになると心が決まった人は、どんなに快適で高給な職場でも辞めます。だからと言って、迷うことが悪いと言っているのではありません。迷いから抜けられないのなら、迷うという経験も必要です。

「迷っている私はダメだ」と思っているから苦しいのであって、間違いなんてないのです。もちろん、こうしたほうが近道、というのはあるかもしれませんが、間違いはありません。

迷いたいなら思う存分迷ったほうがいい。すると、振り子が反対に振れて、迷わない自分に一気にシフトできるかもしれませんね。

それでも「私にはできない、無理」と思ってしまうのであれば、**「できない」のではなく「今はやらない」と置き換えてみてください。**

「私にはできない、無理」ではなく、「今はやらない」「やりたくない気持ちのほうが優勢なんだ」と。

魂は、「できない」と言って放棄したものにはチャンスを与えませんが、「やりたい」と思うことなら、いくらでもチャンスをつくってくれます。

ですから、「今はやらない」と思えば、魂は「そうだね。今は時期尚早かもしれないね。また次にしよう」と言って、もう少しあとにチャンスをつくってくれるのです。せっかくのチャンスを逃すのはもったいない。肉体を持って生まれてきたのですから、できる限り魂のやりたいことをやって、いろんな現実を創造したいですね。

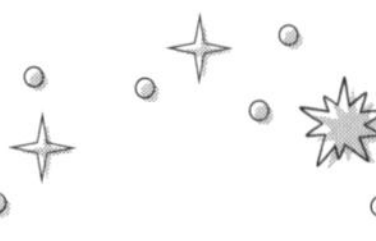

3週間の休みを取って非日常を体験する

地球の常識やルールを外すためには、「経験」と「体験」が大事です。そこで、まず、「今やっていることを全部やめる」ことをおすすめします。頑強な価値観の鎧（よろい）を脱ぐためには、それくらいサバイバルな経験が必要かもしれません。

サバイバルな経験というのは、生きるとは何かということを、一から再認識することです。

「リストラにあった」「離婚を言い渡された」という人は強制的に変わらざるを得ないのでラッキーですが、そうなれない人たちは、自ら現実的な〝バンジージャンプ〟をしないと難しいでしょう。

たとえば、思い切って3週間休みを取り自然のなかで過ごす体験をするとか、文化も言葉も通じない海外に行くのもいいと思います。

そこでは肩書は通じませんし、自分は何者でもありません。

そういうところに身を置くと、1人の人間として自分がどれだけの力を持っているのかを知ることができます。

知らない土地に身を置いてみると、素直に自分を表現できたり、生きていくためにコミュニケーションも鍛えられます。

どういうときに自分は弱さを感じ、どうなるとパニックになるかという点も見えてきます。弱さを知ることで、強くなれるのです。

そうして人の優しさや温かさに触れることによって、自分も知らなかった自分の新たな側面を知ることができるのです。

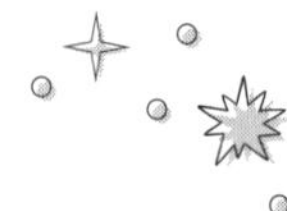

ハートで感じる。そして行動する

これからの時代、愛がもっとも重要になります。

宇宙で言う愛とは、原子と原子、分子と分子がくっついたり離れたりして、この世界の森羅万象を起こしている力のことです。

ですから「始まりであり、終わりである」などと表現されるわけです。

「愛」と「愛情」はずいぶん違ったもので、愛情は誰かから発せられるものですが、愛は誰のものでもありません。

愛は誰にでも作用し、また無限でもあります。

地球上の現実世界で愛を実感するのは、そう難しいことではありません。

たとえば、誰でも思いもよらない出会いがあったりしますね。それは対人である場合もありますが、人生を大きく変えるような本や言葉、出来事という場合もあるでしょう。

これらの出会いがなぜ起きるのか。それはみなさんが愛の循環のなかに生きているからです。その愛の力を感じられれば、今起きていることや経験していることに対する不信感は、ずいぶん軽減されるでしょう。

みなさんが愛の循環を感じられないとするなら、それは「愛の定義」が間違っているからかもしれません。

私も最近まで、改めてこのことについて考えることも、感じることもしていませんでした。でも予想外なパートナーシップが突然始まって、面食らうわ、戸惑うわ、混乱するわで、激しく感情が揺れ、思いもよらない深い傷が表出しては治まり、また表出しては治まりの繰り返しでした。

このようななかで、私とパートナーは力強い愛の循環の輪に閉じ込められ、翻弄(ほんろう)され、まるで嵐に舞う木の葉のように無力であることを感じずにはいられない状況を体験しています。

この体験で、私は地球に来て初めて「愛」を実感したのかもしれません。

この愛の循環に巻き込まれるうちに、自分のなかの創造性がどんどん高まっていくのを感じています。また、新たな可能性に向けて、自分の意思ではなく、魂の意志が確実に歩みを進めようとしているのも感じています。

しかし、正直なところ、それについて行くのはかなり大変です。辛抱強さや絶対的な信頼を常に要求されるからです。

それでもこの循環のなかにいることは幸福です。

自分の可能性はもちろんですが、相手の可能性が確実に見えてくるのが楽しくて仕方ないからです。

愛の循環を実感することによって、チャレンジする気力や、生きていく力は圧倒的に増します。

愛の循環を経験する相手は、かならずしも異性とは限りません。人間ではなく、チャレンジすべき事柄かもしれません。それが何であれ、愛を感じるハートの力が大切です。

感じることができれば、あとは素直に流れに乗ることです。つまり行動することです。抵抗しても無駄だからです。

多くの人は学校教育や家庭でのしつけなどによって、「頭」ばかり働かせて生きてきました。けれども、決定権があるのは魂。つまり感じることです。

今の自分に違和感を持っているなら、それは思考優先になっている証拠ですから、ハートで感じるようにしてみてください。

感じたことを行動する。それが、愛のエネルギーを起こすコツです。

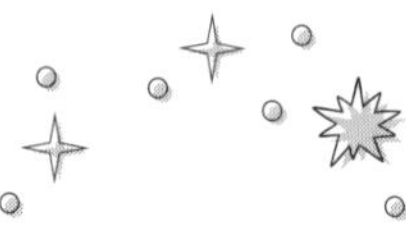

魂の計画を達成するための「真のパートナーシップ」を築く方法

ワイドショーなどでは、芸能人の誰々が不倫をしたと言ってはバッシングされていますが、「不倫はいけない」という概念も、所有からきているものです。

でも、考えてみてください。人間が1人の男性や女性だけにずっと惹かれ続けるのは至難の業だと思いませんか?

出会ったときからお互いに変わりなく一緒にいられるというのは、言い方を変えるとまったく成長がないか、もしくは、ものすごく成長し合っているかのいずれかです。

惹かれ合った男女が結婚すると、2人を巡る状況は変化します。お互いに新しい家族ができるわけですし、子どもができればその瞬間からさらに変化します。

そうなると、相手ばかりに気を取られるということもなくなりますから、家族のなかで、お互いの役割を果たすだけの関係になりやすくなります。

つまり、現実的な意味での「お父さん」「お母さん」という役割上のパートナーでしかなくなってしまいます。

もともと、これだけたくさんの男女がいるなかで、お互いの魂が選び合ったかけがえのない相手であったはずなのに、そういう意味でのパートナーシップが進行できなくなってしまうということです。

純粋な関係性だけを見れば、一方が成長して、もう一方が成長しなければ離れたくなりますし、お互いがお互いを成長させ合って一緒にいるという選択をする人もいれば、成長した結果、別の人を好きになる可能性だってあるわけです。

ただ、宇宙に不倫はあるかと言うと、実はありません。

パートナーを組むと決めた相手との関係は、エゴではなく、お互いの魂が決めた非常にスピリチュアルな関係だと理解していますから、ほかの人に目が向くことはありません。


パートナーとは、お互いの魂の計画をやり遂げるための重要な関係です。

それは拘束や束縛をし合う関係ではなく、自由に解放し合う関係、お互いの好奇心を満たす関係なのです。

人間の恋愛が悪いとは決して言いませんが、「私の彼」「僕の妻」というように、所有意識を持ってしまうと、相手に嫌われないように自分の価値観をゆがめ、自分らしくいることができなくなってしまうことが多いように思います。

また、結婚することで、お互いに管理・監視し合う関係が生まれ、常識的で良識的な家族であるように、ジャッジし合ってしまいます。

つまり、誰かが誰かをコントロールしようとしている状態で、家族間で奴隷を育てているようなものです。その結果、浮気や不倫は許さないという概念が当たり前となり、傷つけ合う関係になってしまうのです。

絶対的な愛とは、所有とは真逆にあるもの。それが真のパートナーシップです。

パートナーは鏡だという言葉をよく聞くと思いますが、面白いのは、お互いに引きつけ合う磁石のように、S極とN極が引き合っている点です。

つまり、相手が見せてくれているのは、自分では気づいていない側面、自分に潜在

している面なのです。

それは自分自身では否定している面や、嫌っている面、コンプレックスを持っている点だったりしますから、素直に受け入れられるはずがありません。

でも引っかかりがあるからこそ惹かれ合い、スムーズな関係ではないからこそ学びがあるのです。

この真のパートナーシップに取り組むと、自分が生まれ持ってきた設計図を理解することができます。

それは、自分は何を学ぶために生まれてきたのか、そしてそのために必要なことは何かがわかるということです。

確実に魂の目的を達成するための手引きのようなものです。

真のパートナーシップに挑むときは、まず自分に対して誠実であることが大切な条件となります。

そのためにも、相手にこのことを明確に伝えなければならないでしょう。その上で、嘘のない関係を築き上げていくことです。

たとえば、相手によく思われたい、嫌われたくないと思って、本心でないことを言ったり、本心ではない態度や何者かを演じてしまうことはありませんか？

それは相手をだまして、自分の望む愛情を受け取るためのコントロールでしかありません。でも多くの人が、それを愛情表現だと誤解しているのも事実です。

しかし、これでは信頼関係は築けませんよね。

初めのうちは、もし相手が自分の機嫌をとるようなことを言ったときや、違和感を覚えたときなど、お互いに指摘し合います。

「それ、本当に本心で言ってる？　私によく思われたいから言ってるんじゃない？」

「どうしてそう思ったの？」

「今、暗い表情をしたけど、何を感じたの？」

「今の現実で満足してるならそのままでいいけど、見逃してる本心があったらちゃんと感じてみて。今の現実以上のものをつくれる可能性があるよ」

こんなふうに、いちいち伝えて聞くのです。

パートナーシップですから、両者ともに学ぶ必要があります。でも男性は、このよ

うな精神的なことに積極的に取り組もうとしないかもしれませんね。

この霊的なパートナーシップにおいての第1段階は、必ず女性が受け身となり、女性が男性の胸を借りながら、自分の根深いコントロールやトラウマなどに気づき、癒して成長していくところから始めます。

男性に「私が不機嫌な顔をしていたら言ってね」「イライラしてるときは、何に怒ってるの？って聞いてね。私も冷静に話をするようにするから」などと言ってみるのがいいでしょう。男性は基本的に〝教えたがり屋〟が多いので、まずは女性が受ける側になるのです。

私の夫は2017年に他界しましたが、彼はスピリチュアルな意識を持って真剣に向き合ってくれるパートナーでした。

ちょっとでも私におかしな態度が見えると、「ちょっと座って」と彼のワークが始まります。疲れている私が、内心面倒だなと思っていると、「疲れてるんじゃない？態度がおかしいよ。頭のなかで同時にいくつ考えてるの？」というふうによく観てくれているわけです。

パートナーシップに真剣に取り組んで、「私らしくない」と思うものをやめていくと、自分の得意なこと、不得意なことがハッキリします。

すると、不得意なことは誰かに助けてもらおうと思えるようになるので、どんどんチャンスが巡ってくるのです。

たとえば、「みんなと協調していないと怖い」という本心が浮き彫りになったのなら、「自分は人と違うことをするのが怖い」という性質があるとわかります。

そうわかると、新しい可能性を切り開いていくために、「もっと意見を伝える勇気を持とう」「協調しながら自分がしたいことを実行するためには、人の意見を聞くことが大事だな」というように、自分にとって建設的なアドバイスに気づけます。

私の場合、別の宇宙文明で生きている記憶を持って地球にいることから、それらを伝えることで、みなさんが自分に潜在する可能性を理解する手助けをすることが魂の設計図にあります。ただ、この地球では無名でしたから、いくら伝えたくても誰も取り合ってくれませんでした。

けれどもパートナーシップに取り組み、自分が解放されていくにしたがって、宣伝

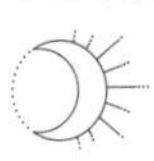

することなくいろいろなチャンスが舞い込み、どんどん発展していきました。

ちなみに、パートナーがいない場合、相手は親子でもきょうだいでも、友だちでもかまいません。愛情深くいられる相手とぜひ取り組んでみてください。

急速に愛の循環の密度が濃くなり、また強力になっていきます。そして、ぐいぐいとスピリチュアルな関係へと押し上げていってくれるでしょう。

高次の自分との通信回路をつくる！魂からのメッセージを受け取るドリームワーク

魂の目的や計画を知るために有効な「ドリームワーク」を紹介しましょう。

夢は私たちの高次意識を投影したものです。そして、あなたの希望を叶えるためにあなたのガイドやスピリットがあなたに提示してくれる貴重なメッセージです。

ですから、夢を意識して活用すると、今何に注意すべきかを警告してくれたり、問題の解決方法を提示してくれたり、未来につながるヒントを教えてくれたりするので、とても有効です。

夢は毎晩、平均して100くらい見ると言われていますが、見るというよりは、提供されています。

どこから提供されているのかと言うと、実は夢によって提供元のソースが異なりま

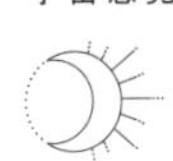

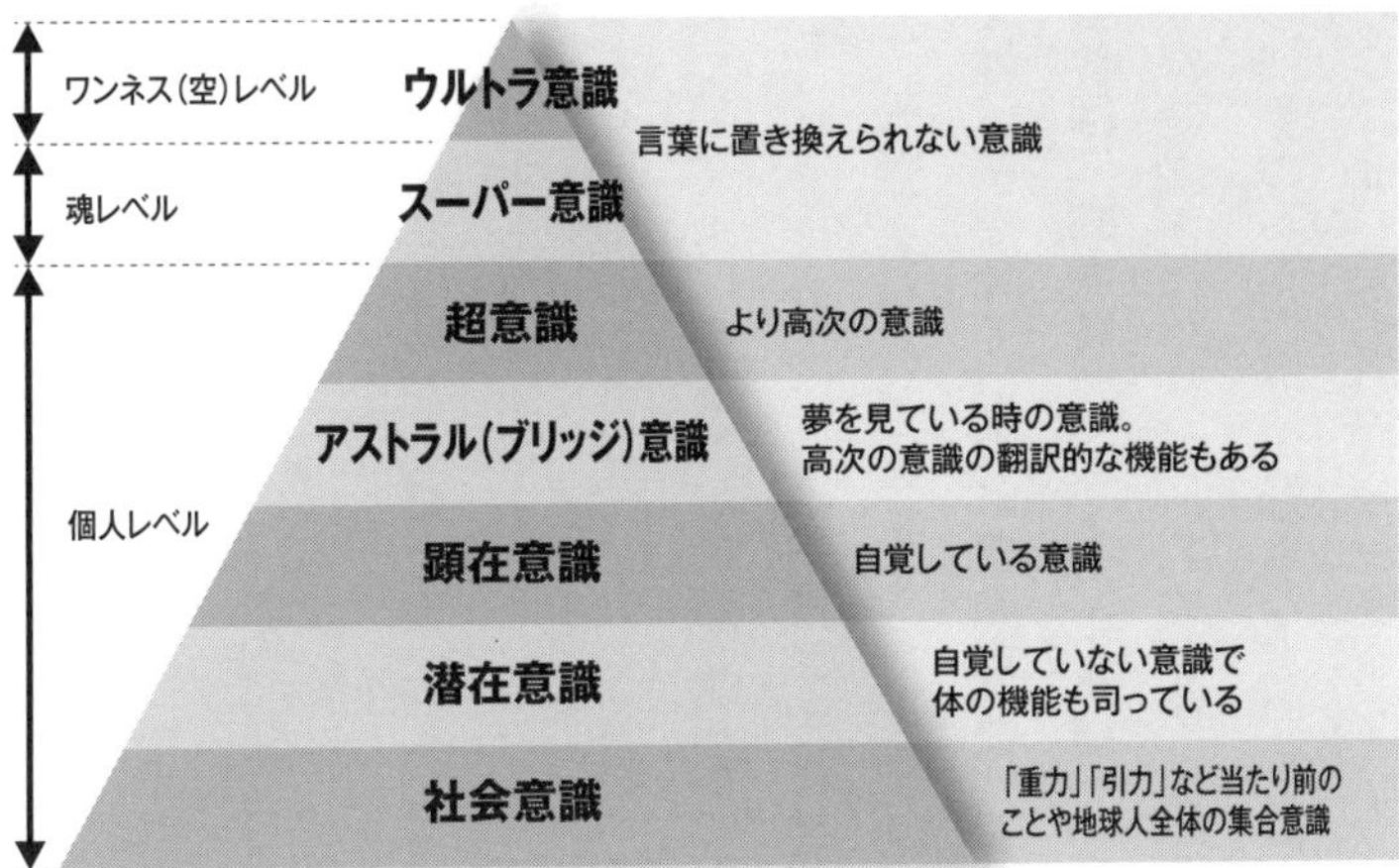

す。それを「ドリームソース」と言ったりしますが、このことを理解するために、意識の階層についてご説明しましょう。

意識は7段階に分かれています。

一番根底にあるのは「社会意識」。これはたとえば、地球には重力がある、歩かなければ移動できない、自分は人類種である、など当たり前のこと。常識や良識の手前にあるものまで含む基底部です。

その上にあるのが「潜在意識」。気づいていない意識の領域のことですね。

さらにその上にあるのが「顕在意識」。いわゆる私たちが自覚している意識のことです。ここまでは、私たちの日常の意識です。

ここから上は霊的な意識の領域になります。顕在意識の上にあるのが「アストラル意識」とか「ブリッジ意識」と呼ばれているもの。まさに、日常の意識と霊的意識のかけ橋です。

その上にあるのが「超意識」、さらに上にあるのが「スーパー意識」、一番上にあるのが「ウルトラ意識」。

夢を見ているときは、これら複数の意識が働いています。

寝ていても、無意識で心臓は動いているし、食べたものは勝手に消化するし、呼吸もしていますから、「潜在意識」は使われています。また、夢を理解しようとする「顕在意識」も働いています。

では、夢を見ているときの意識はどこかと言うと「アストラル意識」です。ただし、夢自体は「超意識」「スーパー意識」「ウルトラ意識」から提供されています。

その提供された夢が「アストラル意識」にある100台くらいのモニターに映っていて、そこから自分が好きなものを選んで見ているのが夢なのです。

そこには、未来の自分が映っているモニターもあります。未来の自分にはいろいろな可能性があるので、たとえば、お寺でお葬式をあげる夢を見たとしても、ほかのモニターには、教会でお葬式をしている場面もあれば、仏式、神式、樹木葬が映し出されている画面もあります。

これらはどれも可能性として存在しているもので、たくさんの可能性のなかから、お寺でお葬式をしている場面を選んで夢として見ている、というわけです。

ただ、「ウルトラ意識」や「スーパー意識」の夢はほとんど理解不能なので、みなさんは興味を持ちません。と言うのも、「ウルトラ意識」や「スーパー意識」の夢は、「アストラル意識」のモニターで見ると、砂嵐の画面が映っているイメージです。これでは何の夢かわかりませんね。ですから、実際選んで見る夢は「超意識」から選ばれたものが多いでしょう。

夢のなかに自分が登場するときは、たくさんのモニター画面から選んだ夢のなかに、自分が飛び込んでいるとき。

レオナルド・ディカプリオ主演の映画『インセプション』では、夢のなかに入って情報を抜く産業スパイが描かれていましたが、まさにそれと同じです。

でも、心身が疲れていたりすると、夢に飛び込まず、ただそのモニターを外から見ている、ということもあります。その場合は、夢の世界に自分の姿はありません。自分が登場しない夢は、そこで起きていることを、ただモニターを前にして眺めている状態です。

こんなふうに夢にフォーカスし始めると、自分が夢のなかに入っているのか、夢を外から見ているのかがわかるようになっていきます。

✳明晰夢が教えてくれる未来の可能性

私たちが朝起きて覚えている夢というのは、普通、突拍子もない場面展開や意味がよくわからない内容のことも多いのですが、**明晰夢（めいせきむ）と言って、たとえストーリーがよくわからなくても、夢を見た人にとって明確にその趣旨を理解できる夢もあります。**

たとえば、今気をつけなければいけないことを警告してくれていたり、未来に起こることを予告してくれていると感じたりするものです。

私が見た明晰夢の例で言うと、その夢は、ハワイのような場所で、あるガーデンパーティーをしている場面からスタートします。

芝生の庭に置かれた非常に長いテーブルで、法王と呼ばれる女性と向き合って会食をしていました。私は周りの人たちに、なんとか法王に対する信頼が厚いものになるようにと一生懸命話しかけるのですが、誰も耳を貸してくれません。

すると、そこに突然いくつかの数字が現れました。

その瞬間、私は直感的に、これはタロットカードの大アルカナカードの番号だと理解していました。

私は朝夢から覚めたとき、すぐその数字をメモに書いて、タロットカードで調べたい衝動にかられたのでそうしてみました。

そうして出てきた数字を全部調べると「女教皇」というカードを中心に、まさに今自分が何を選択して、今後何をすべきかを明確に示していたのです。

明晰夢は、非常にスピリチュアルな次のテーマを表していますから、そのような夢を見たときは、そのときはわからなくてもメモに書くなりして覚えておいてください。

それは高次の意識からのメッセージですから、適切なタイミングで必ず理解するときがきます。

夢を活用すると自分に決める

「ドリームワーク」をする際は、**まず眠る前に「睡眠中は自分自身の高次の意識と対話をする大切な時間であり、夢を活用する」ときちんと決めてください。**

そうして、夢を意識し続けると、夢を覚えていられるようになります。

準備するものは、お絵かき帳とペン。それらを枕元に置きます。

お絵かき帳は大きめのものを選ぶといいでしょう。目覚めてすぐ夢を書きとめるとき、まどろみのなかにいますから、小さなメモ帳だとはみ出してしまいます。

起きているかどうかという状態のときに、「誰」「どこ」「何をしている」といったことだけを簡単にメモして、目覚めたあとにそれを順番通り書いていくだけです。

ベッドから起き上がったり、着替えをするなど体を動かすと、夢を忘れてしまいますから、目が覚めたらなるべく体を動かさずに書くのがいいですね。慣れてくると、半分寝ながらでも書けるようになりますよ。

最初はメモ程度でＯＫ。覚えている部分だけでかまいません。内容まで覚えていないときは、「お父さん」「散歩」「海」のようなキーワードだけ書いておきましょう。

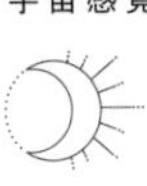

あとから読み返したとき、何が書いてあるのかわからない状態でも大丈夫。続けているうちに、すらすらと書けるようになります。

複雑な夢で言葉にすることが難しい場合は、文字で表現しようとせず、絵を描くのがおすすめです。絵を見たら思い出せるようになります。

また、夢はいきなり場面が変わったりします。たとえば、お葬式の場面だと思ったら、いきなりトイレ掃除をしていたり、なんてことはしょっちゅうです。

そのときは「／」などの記号を使って場面転換を記し、見た順序の通りに書いていきます。

夢を見ると、どうしてもその意味や、縁起のいい夢か悪い夢かを知りたくなりますが、夢にいい悪いはありません。

夢の内容に一喜一憂せず、まずはとにかく「夢を書いて覚える」ことを定着させてみてください。

ちなみに、読んでいる本やテレビなどの影響を受けた夢を見ることもあるでしょう。その場合も、メモを取っておきましょう。

夢に出てくるものに、自分にとって不要なもの、関係のないものは何ひとつとして

ありません。

✳朝起きたときのフィーリングを感じる

朝起きた瞬間はまだ夢の続きですから、**まずそのときのフィーリングを感じてみてください。**

たとえば、なんとなく疲れて体が重いとか、理由もなく憂鬱（ゆううつ）な気分だったり、逆にすごくスッキリして嬉しい気分だったり……それが夢の余韻（よいん）です。

もし、朝起きて疲れていたときは、寝ている間に「活動」をしていた可能性があります。

たとえばフォーカスをきかせて思考を使うトレーニングだったり、意識的に物事に取り組むトレーニングだったり、あるいは人生の設計図について教わっていたり……。

これは、いわゆる「ナイトスクール」と言われていて、肉体が眠っている間に意識の世界でめちゃめちゃしごかれていた可能性もあります。

そういうとき、実際の生活でできなかったことができるようになっていたり、知らなかったはずの答えを知っていたりすることもあります。

ですから、朝疲れを感じて目覚めたら、悪い夢を見たのかと思うのではなく、何かを得て帰ってきたと考えてみましょう。「ナイトスクール」は一晩限りでなく、習得するまでしごいてくれますよ。

反対に、朝起きて気分が爽快だったり、幸せな気分だったりした場合は、昨日までの自分とは違う自分になっている可能性があります。

違う自分になっている、というのは何かを習得し終えたという可能性があります。たとえば、ひとつのサイクルが終わったとか、ひとつステージが上がってバージョンアップしたなどです。

自分で気づけなくても、たとえば職場で今までにない仕事を頼まれたり、バカにしたような態度をとっていた人が急に丁寧になったり、優遇されるような出来事があったりと、確実に現実が変わるので自覚できると思います。

そういうときは、新しい可能性に向けて、ぜひ何かチャレンジをしてみましょう。

また、**怖い夢や不吉な夢を見たとしても、怖れる必要はありません。**

夢を見る人にもよりますが、「逃げる夢」を何度も見る人は、自分自身に対するジャッジメントの表れであることが多いようです。

「こうしなきゃいけない」「あれはダメ」というように常に自分を裁いているので、何でもジャッジする精神構造が自分を追いつめ、逃げる夢となって現れているのです。

それがわかれば、怖い夢だったとしても「自分はジャッジがきついんだな。もう少し自分を許そう」という素晴らしいアドバイスだとわかりますね。

悪い夢は、基本的にない、と思ったほうがいいでしょう。

もちろん悪夢を立て続けに見て、何度も夜中に寝汗をかいて目が覚めるようなら、ベッドの位置や寝具を変えるなど、見直さなければいけないかもしれませんが、そうではなく、朝起きて「よくない夢だったな」と思う程度なら、そこにはちゃんとした意味があるということです。

夢占いを鵜呑みにしてはいけない

「夢占い」で意味を調べる人がいますが、実はおすすめできません。夢占いをすることで、夢がパターン化してしまうからです。

夢占いは、「○○を見るといい夢」「△△を見ると悪い夢」というように、いい夢か悪い夢かを選別しています。すると、誰も縁起が悪い夢は見たくないと思うので、見ないようにと自分に制限をかけてしまうのです。

そうなると、せっかくの大事なメッセージを受け取れなくなってしまいます。

夢は、前後の関係性や状況、夢のなかのイメージなどで意味は変わりますから、同じ夢を見たからと言って、誰もが同じ意味を持つわけでないのです。


ですから、夢をジャッジしないことが大事です。


ある女性のこんな例があります。

キッチンに立っていたら、鼻血がすごい勢いで出始めた夢を見たそうです。彼女は夢のなかでとっさに食器棚からマグカップを取り、それで鼻血を受けました。ところが、鼻血は止まるどころかどんどんあふれてくるので、仕方なく、もう1個のマグカップを取って、鼻血を受け止めながらバスタブへ移動。

バスタブがいっぱいになるほどの鼻血が出る夢だったため、彼女は「病気かもしれない」「白血病かもしれない」と悩み、病院で検査をしたそうです。

しかし、何の病気も見つからず、不安になっていましたが、実は妊娠していたのです。

彼女は、朝目覚めたとき、なんとも言えない温かいものに包まれたような感覚があったようです。このポイントは大きいですね。

そして、鼻血が止まらないならシンクに流せばいいのに、わざわざマグカップで受けたというところに意味を感じます。

私が再度夢に潜入するドリームワークを行ってみると、マグカップも実際に家にあるものではなく、赤ちゃん用のものでした。さらにカップというのは、西洋人にとって「聖杯」を意味します。つまり、「子宮」もしくは「後継者」のことです。

この夢が示す通り、**夢の内容よりも、体の感覚のほうが的を射ているのです。**

私が先日見たのは、いらなくなったものを無意識にポンと投げたところ、誰かに当たってしまった、という場面を2回繰り返す夢でした。

私は夢のなかで「あ、これは気をつけなければ、3度目はないな」と思いました。

そして起きてから夢を思い出し、「きちんとよく考えて手放さないといけないな」と思ったのです。

不要だと思って何気なく手放したり、捨てたりすると、誰かを傷つけたり、迷惑を

かけたりすることになりかねない、そんな警告だと感じました。

自分自身で何でも不要だと判断しないこと、それをこの夢は教えてくれたのだと思います。

夢は生き物です。その人に伝えたいメッセージを、その人が感じられるように伝えているのです。

それなのに夢占いをしてしまうと、型にはまった意味に従って誤解するということになりかねません。結果、本当のメッセージがわからなくなってしまいます。

同じ夢であっても、見る人によって意味が変わってくることを覚えておきましょう。

夢のシンボルから自分を知る

夢をひもとくひとつの方法として、「シンボルを見つける」という方法があります。

たとえば、カラスが出てくる夢を見て、そのカラスがものすごく印象的だったとしたら、カラスの絵を描いたり、文字で「カラス」と書いたりして、1枚のカードをつくっておきます。

さらに、広辞苑などの辞書で「カラス」という単語の、そもそもの意味を調べます。自分がカラスに対して抱いている印象も大切ですが、主観に囚われずにそれが何を象徴しているのかわかるからです。

このようにシンボルを見つけてカードをつくると、それに対して意識が向くようになります。すると、割と頻繁に夢に登場しているとか、ある場面になると必ず登場するなど気づくことができます。

こうすることで、**夢に出てきたシンボルにエネルギーを持たせることができます。**

通常、夢のなかの視野はとても狭く、360度の情景が展開されていても、目の前のものしか見えません。しかし、シンボルを意識するようになることで視野が広がり始めるのです。

シンボルが頻繁に登場することがわかったら、登場するときの共通点は何かを検証していきます。

すると、たとえば自分にとってのカラスは「男性性の象徴」というふうに気づくことができます。

ただし、これはあくまでも、自分だけの象徴です。他の人にとっては権力の象徴か

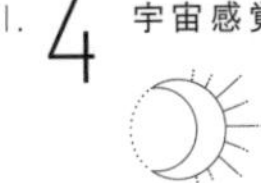

もしれないし、よいことが起こる前触れかもしれません。

何を象徴しているのかを見極めるために、その夢を見た前後の日に何が起きたのかも検証します。そのためにも、簡単な日記をつけておくといいですね。**そのシンボルを夢で見た前後、当日に何が起こったのか、どう感じたのか、どんな感覚だったのかを書き残しておくと、現実との相関関係が見えてきます。**

シンボルになるものは、「カラス」「水」「鹿」「靴」など物理的なものばかりでなく、「何回も電車を乗り換える」「電車を乗り間違える」「歯が抜ける」「トイレばかり行く」「トイレを探す」「海に行く」など状況の場合もあります。

何か印象的な物や状況があったら、ぜひそれをシンボル化して、夢の意味をひもといてみてください。

また夢に出てきた人の名前や場所、固有名詞など、聞いたことがないものは調べてみましょう。

私は以前、まったく知らないロシアの土地の名前が夢に出てきたので辞書で調べてみると、本当に存在していたことがありました。

歴史上の人物が出てきたら、あなたが持つその人の印象のほかに、生きている間に何をした人なのか、人からどんなふうに思われて最後はどんなふうに死んだのか、まで調べます。その人物像に隠された意味が、高次元からのメッセージである可能性があります。

✳夢の解釈は人によって違う

夢の解釈については、先述したように「自分にとってどんな意味があるか」が重要ですが、夢を解釈する際に参考になりそうな事例をいくつかあげてみましょう。

たとえば、フォーマルなパーティに行かなければいけないのに、ビーチサンダルしか見つからないという夢の場合。

靴など足に関することは「足もと」、つまり現実的な手段や具体的な方法を表します。

この場合は、公（フォーマル）に出る準備はできているのに、足もと（土台）がおろそかになっている、あるいは現実的な方法が違うという意味に解釈することができます。「何か見落としているよ」「ちゃんと足もとを見なさい」ということが多いかもしれません。

風景は現代なのに、自分だけ江戸時代の着物のようなものを着ている夢の場合は、自分はその世界にミスマッチだということ。現実世界で、周りの人たちとうまくいっていない、何かがズレているということを表したりします。

ある友人は、高層マンションの高層階から下を見下ろしていると、急に大地が隆起し始め、土埃（つちぼこり）が高層階まで立ち上り、息ができず苦しくて倒れるという夢を見たそうです。目が覚めても本当に苦しくて、しばらくの間息を整えていたと話してくれました。

一般的に、大地は「現実世界」を表しています。高層階という高い位置にいるということは、霊的な側面を表します。

この夢の場合、霊的な世界にまで大地が侵食しているわけですから、その人のスピリットは現実的なことに追われて、霊的側面を感じ取る余裕がなく、窒息しそうだということを意味しているのかもしれません。

人によっては、大地が「母権的な権威」の象徴の人もいるでしょう。子どもの頃から母親の威圧感を感じてきた人なら、母親の支配から抜け出せない自分に苦しさを覚えている、と捉えられます。

夢のなかに芸能人がよく出てくるという場合は、「芸能人」がその人にとってどういう印象なのかに注目してください。「人気者」の象徴か、「輝いている人」の象徴か、もしくは「目立ちたがり屋」の象徴かもしれません。また、特定の芸能人ばかりが出てくるなら、その人が自分にとってどんな存在なのかを感じてみます。

たとえば、「表情が豊かだな〜」と思うなら、自分も表現力を磨きたいと思っているのかもしれませんし、「辛辣（しんらつ）な人だな〜」と感じているなら、自分も周りの目を気にせず言うべきことを言いたいと思っているのか、もしくは反対に、自分も辛辣だから、人に寄り添える人間になりたいと思っているのかもしれません。

ほかにも、夢のなかで激しい感情を感じることもありますね。

たとえば、裸で歩いていたところ、知り合いに見られて恥ずかしくなった、という夢の場合。まず、「裸」から連想することを考えます。

すると、「素のまま」「嘘がない」「隠していない」「あからさまである」「無防備」などが出てきます。

次に、自分にとって恥ずかしいことは何かを考えます。

「無知なこと」が恥ずかしいと思っているとしたら、無知なまま生きていることが恥ずかしい、と感じていると捉えることができます。ということは、もっと勉強したい、もっといろいろ知りたいという欲求の表れかもしれません。

ある女性は、断崖絶壁にかかるつり橋を、大勢の先頭で渡っている夢を見たそうです。すると、つり橋の前方向がどんどん崩れ始め、みんなが怯えるなか、彼女は先頭で「大丈夫！」と言いながら進んで行ったと言います。

一般的に崖と言うと恐怖の対象に思えますが、彼女の場合、普段から崖など高いところが大好き。そのため恐怖は感じなかったそうです。

進む先が崩れていくということは、今やろうとしていることがとん挫（ざ）しようとしている暗示かもしれませんし、プロセスは省いてジャンプして行ってもいいよ、という意味かもしれません。

恐怖がないということは、とん挫してもプロセスを省いても、どちらも悪くないということ。だとしたら、思い切って今やっていることに取り組んでいい、という解釈ができます。

こんなふうに、夢を観察することで、高次からの自分のためのメッセージを受け取ることができますが、自分で解釈するのはなかなか難しいものです。

ですから、見た夢を報告し合う「ドリームメイト」をつくるのがおすすめです。

私の場合、亡くなった夫がドリームメイトでした。お互いに見た夢を伝えるのですが、自分の解釈だけでなく、相手の解釈を聞くことで新しい視点が加わります。

こうして、毎回同じ人と夢の共有をしていくと、相手の夢の傾向が見えてきますから、「あなたの魂はこういうことを伝えたいときに、こういう夢を見せるんだね」ということがわかってくるのです。

ドリームメイトには、見た通りのことを、そのままの順番で話しましょう。ちゃんと話せなくてもかまいません。覚えていることだけでも伝えてみると、自分では気づかなかったことに気づかせてもらえるでしょう。

ドリームワークで自分の魂との共通言語をつくる

ドリームワークを始めると、最初のうちは「夢を覚えなければ」と意識するので、すごく疲れるかもしれません。でもそれは、回路がつくられている証拠です。**脳をトレーニングすることで、アストラル意識の領域で起きたことを、現実で認識するためのネットワークがつくられているのです。**

回路ができてしまえば、楽に夢を思い出せるようになりますし、また起きているときもアストラル意識からの直感を受け取りやすくなります。

夢は、今のテーマをクリアしたら、次のステージに行けることを教えてくれるメッセージでもあります。

ですから、回路がつくられると、現実世界で起こったことに対して「この出来事は、○○について気づかせてくれているんだな」「この出来事は、あのテーマがからんでいるな」というふうに、自分の魂の目的がわかってくるのです。

コツは、あきらめずに毎日夢を記録することです。

だんだん飽きてしまう人もいると思いますが、そこを踏ん張って続けていくと、受け取れる器ができてくるので、一気にシフトチェンジしてグレードの高い夢が見られるようになってきます。

誰もが夢を通して、自分自身の魂から毎日メールが届いています。

それを理解しようとしないのは、魂からのメッセージを既読無視しているようなものです。

ドリームワークをすることで自分の魂との共通言語ができるので、夢を介してメッセージを受け取れるようになり、さらにたくさんの情報を伝えてくれるようになるのです。

宇宙感覚で生きる未来

vol.5

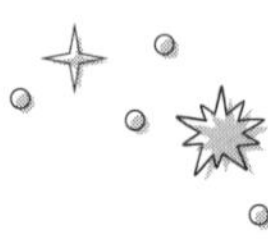

大胆な社会改革が進化を促す

人間が安心して暮らせる土台は衣食住です。衣食住に困らなければ、無理に働かなくてもいいわけです。

現代は、ほぼ衣食住にお金を使っていますが、今の経済状況は、ある意味社会を成立させる仕組みです。

けれども、それは決してうまい仕組みとは言えません。

「食」に関して言うと、お金で食材を買う行為は、消費者にしてみると物が生産されるプロセスを知らず、現実を見ない・知らないということにつながります。これは、人と人の間に壁をつくります。

たとえば、本来魚を食べたいなら漁港まで行かなければなりません。漁港に行くと、「今日は時化(しけ)で漁に出られない」とか「水揚げが悪かった」など日々の状況がわかるので、魚がなければ、今日はお肉にしようという選択ができます。

一方で、お金が介在することで、漁師のほかに、水揚げされた魚を運ぶ人、加工する人、梱包する人など、いろいろな人が仕事として介在し、漁港と食卓の間にどんどん距離ができます。

すると、漁港の様子はわかりませんから、「なんで今日は魚が売っていないの?」と文句を言うようになるのです。

このように生産者とのコミュニケーションがない状態は、感謝の心も失われ、結果的に幸せからどんどん遠のいてしまうのです。

「衣」についても同じです。

たとえば、毎年変わるファッションの流行は経済効果をあおるためです。「今年の流行色」「今年のスタイル」などあちこちで見かけますが、そうやって購買意欲を刺激することで経済が潤います。

冷静に考えてみてください。「流行の服を着たい」と思う理由は、あなたの虚栄心や見栄を満足させるからではありませんか？

流行のファッションが全部悪いと言っているわけではありませんが、「何のためにそれを着るのか」を考えてみることは大切です。

このような仕組みを見直すためにも、思い切ってＡＩを導入することで社会改革がもたらされます。

たとえば、今ではネットショップで何でも買えますから、今後は小売店の経営が厳しくなるでしょう。その場合、「小売店を守るためにどうするか」を考えるのではなく、商品はすべてネットショップで買えるようにするのです。

すると、インターネットなどに疎い人たちのための代行サービスが生まれるなど、ＡＩを使った新たなサービスが展開されることになるでしょう。

また配送業者の不足は必至ですから、そこにも新しい仕組みや仕事が生まれます。配送車で道路が渋滞するようになると、空中を飛んで配送するサービスも生まれてきます。

なくなる仕事もあるけれど、必要になる仕事も出てくるはずです。そうやって試行錯誤していくことで、社会は変わっていくのです。

大人たちが目の前のことしか見ず、短絡的にしか物事を考えられないのは、これから大人になる子どもたちにとっては致命的です。所得の格差どころか、知性の格差、時代の格差がどんどん開いていくばかりだからです。

お金至上主義は、ムダを生み出すシステムになっている

地球では「食べなければ生きていけない」と考えるため、食の不安を解消するためにさまざまなものが安定供給されるようになりました。

しかし、実際に農作物をつくったり、魚を獲ったり、牛や豚を育てたりしている人たちへの報酬が十分かと言うと、そうではありません。

労働は増える一方なのに、お金は思ったほど手に入らないのが現状です。

安定供給という便利な仕組みは、実はたくさんの無駄な労力の上に成り立っています。

たとえば、ほとんどの農家では畑の隅っこには曲がったキュウリや割れたトマトなどが捨てられていますが、これは安定供給の上にある競争が招いた現実です。

実際、日本の食料廃棄量は世界でトップクラスです。食べられるのに捨てている「食品ロス」の量は、年間６４０万トンと言われています。１人あたりに換算すると、1年間で約50キロ。毎日お茶碗１杯のご飯を捨てているのと同じだそうです。

このように、とんでもない量を廃棄して地球環境を汚染しているのです。

ちなみに、フランスは食料廃棄物の深刻さを察知し、２０１６年に「食品廃棄禁止法」を成立させました。フランスの大型スーパーで廃棄される賞味期限切れ食品や賞味期限が近づいているものは、チャリティー団体などに寄付することが義務づけられたのです。

まだまだ改善点はあるものの、この法律が施行され、仕入れを少なくするようになったことで、生産者も生産量を下げる代わりに、曲がったきゅうりや割れたトマト、虫食いのトウモロコシなども全部買い取ってもらえるようになり、一気に食料革命が起きました。

また、アメリカなどは教会に行くと、消費期限が近くなったものが下がってくるのでいろいろなものが無料で分配されます。食べ物だけでなく食器や衣服などもあります。

このように、アイデア次第でムダをなくすことはできるのです。

そう考えると、**「食うに困る人間」なんて、本来はいるはずがありません。**

それでもそういう現実があるのは、分配の仕組みが間違っているからです。

周りを見渡してみても、お金持ちはひと握りで、残りは日々細々と生きられる程度のお金しか稼げないというのが現実ではないでしょうか？

分配の仕組みが間違っているために、こんなアンバランスなことが起きているわけですから、ここはおかしいと気づくべきです。

森羅万象の叡智であるAI技術が、人間の可能性を開花させる

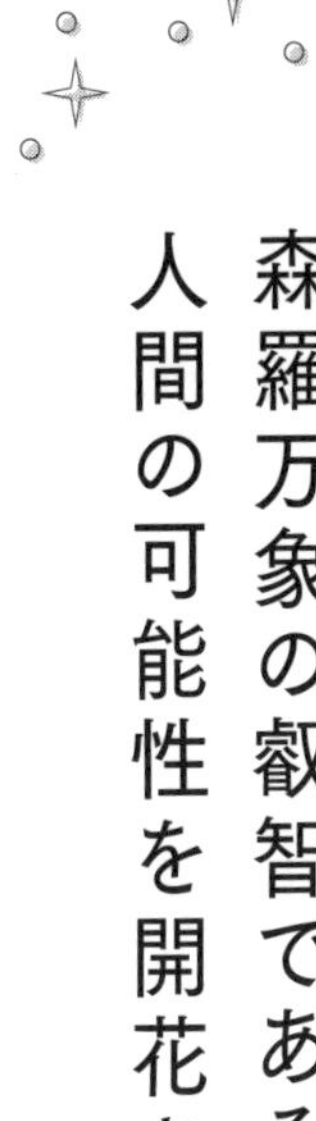

私たちは、長期的に深い意識に「お金が最優先」という価値観を埋め込まれていますが、そこから抜け出せるかどうかが、新しい時代のカギとなります。

今あるお金を全員が手放したときに全体の価値観が変わりますが、お金の価値がなくなるという出来事は過去にもありました。

1946年に施行された新円切り替えにより、お金は紙くず同然になりました。私の祖母は当時お金持ちでしたが、お金に価値がなくなったため、面白がって庭でお金を燃やしたそうです。

その後、国民にどうお金が分配されていったのかは詳しくわかりませんが、今そんなことが起きたら大パニックになるでしょう。

結局は、所有しているものはいつか消えていくのです。それはお金も同じで、必要以上のお金を持っていても意味はありません。

地球の経済至上主義は、今限界に達し、大きく変化しようとしています。

たとえば、今、テクノロジーの発展とともに、ＡＩが発達を遂げていますが、**ＡＩの発達が進むということは、人間が働かなくていいということでもあります。**

でも、「お金がないと生きられない」という概念がある限り、就労する場所をＡＩに奪われるという発想になるため、科学の発達は抑制されます。それでは地球はいつまでも宇宙から取り残されたままです。

それで果たして地球に未来はあるのでしょうか。

「お金がないと生きられない」という概念を捨てない限り、科学の発達はありませんし、また労働を強いられる経済至上主義から、いつまでも抜け出すことができないのです。

そもそも、働かなければ生きられないというこの仕組みが間違っていると誰も思っ

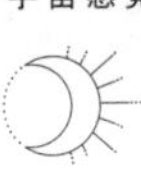

ていないことが大きな問題です。

人がこの世界に生きる意味や意義、目的はさまざまですが、でも少なからず労働するために生まれてきたはずはありません。

私はこんなふうにみなさんに伝えます。

地球人も、それ以外の人類も、またそれ以外の多くの生き物たちもみんな、空（くう）と呼ばれる創造の根源に潜在している無限の可能性の一部を担って生まれてきました。それぞれの潜在的な可能性を最大限に発揮して、それを体験し、感じ、感動し、歓喜するために生まれてきたのです。

AIに関するテクノロジーが発達することで、人は労働から解放され、初めて一人ひとりが自分の潜在意識を探求する余裕が生まれてくるのです。

もちろん、このようなことを実現するためには、根本的な価値観を刷新する必要があります。

まずは「経済」という概念について、また人が生きるために必要なすべての物質や、サービス、教育などをどのようにフェアに分配すればいいのか、その仕組みについても考えなければなりません。

また同時に、この社会でみなさんが無意識のうちに取り組んでいる「獲得競争ゲーム」からいかに抜け出すかを考える必要があります。

無意識に全員が巻き込まれている「競争」をやめなければ、この先もAIに限らずすべての科学技術は、単に競争心をあおり、格差を助長するためのものになり続けるでしょう。

今の地球の科学技術は、特定の人たちが経済的な利益を得るための手段に過ぎません。本来の科学は、幸福で豊かな人々の生活を支えるものです。

AIが人間を超え、人間がAIに支配されるようになったら危険だと考える人もいるようですが、これはまさに人間至上主義と言えるのではないでしょうか。

私は地球人の多くがこのような考えを持っていることに、正直なところ違和感を持ってきました。

地球人に限らず、すべての人類は不完全であり、まだまだ未熟です。その私たちが限界を超えるために必要なのが、AIテクノロジーです。

宇宙にこのテクノロジーがなければ、私はこのように地球に生まれてくることはな

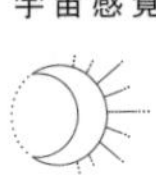

かったでしょう。

また、多くの地球外のエリートたちでさえ、広大な宇宙のあらゆる側面を理解することも、またこの世界を冒険することも不可能でした。それどころか、隣の銀河から地球にやって来ることさえできなかったでしょう。

宇宙の森羅万象を根底から支えている叡智を、自分たちの新たな可能性を探求するために活かすことが、本来のＡＩの目的です。

ですから、私たちの限界を超え、私たちの能力をはるかに凌駕するのでなければ開発する意味がありません。

その技術によって、人間が支配されるようなことは決してありません。真の意味のＡＩ技術は、宇宙の森羅万象を司る「水の叡智」から引き出されるものだからです。すでに時は魚座の「支配の時代」に終わりを告げ、水瓶座の「解放の時代」に入っています。

人々が本当の自由を受け取るために、科学技術の目的を改めて明確にした上で研究がなされ、発展していくでしょう。

信じられないと思いますが、これからはそういう時代になります。

誰もが暮らしやすい地球にするためにもテクノロジーの発達は必須であり、そのためにもまず「お金がなければ暮らせない」「自分の仕事を奪われる」といった発想を根本から変える必要があるでしょう。

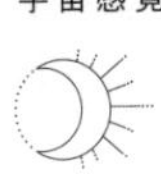

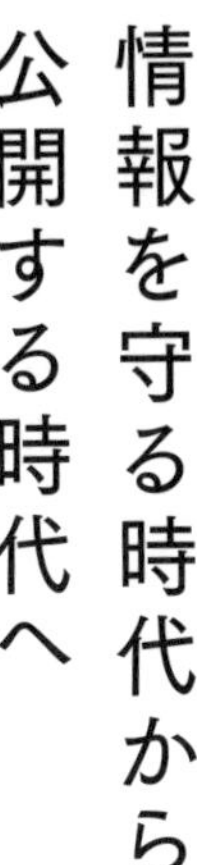

情報を守る時代から、公開する時代へ

情報社会になると、情報漏洩（ろうえい）を防ぐために神経質になりますが、宇宙ではどんな情報もすべて開示されています。

これに近い感覚で情報を取り扱っている国のひとつに、電子国家とも言われているエストニアがあります。

エストニアでは、個人情報は誰でも閲覧可能です。個人がどんな仕事をしていて、資産はどれくらいあって、貯金がいくらあるかまで開示されています。

ですから、何か新しい事業を始めるとき、適切な人材を検索して選ぶことができるのです。

情報を「奪われるもの」「悪用されるもの」と捉えるのではなく、「チャンスを得る

もの」として扱っているのです。

なかなか信じがたいと思いますが、価値観を変えると言うのは、これくらい変化するということです。

宇宙も同じで、たとえば私に関する情報を調べたいと思ったら、どんな経験をして、何が得意で何が不得意か、また何を目的として今回の魂を形成してきたか……ということまですべて、フィールドに搭載されたバイオコンピューターで閲覧することができます。

ですから、宇宙では誰も私に不得意なことを頼もうとはしません。私も得意なことしかやらないので、ノーストレスです。

人間は「自分のデータを知られたら危ない」というようにマイナス発想で考えますが、宇宙では「これを実現するためには、何が必要か」というプラス発想です。だからこそ、シェアリングができて実現化のスピードが増すわけです。

情報を盗まれるのが怖いと思うのは、地球人の強い所有の概念による囚われです。

たしかに現在のようにゆがんだ価値観が横行し、パワハラゲームで人々を支配したい人がいる今の状況では、すぐに個人情報を開示することは危険かもしれません。でも、この状態が決してベストなわけではありません。

本来なら、誰もが情報を公開すれば、自分の能力を活かした幸せな社会になるのですから。

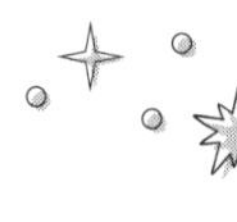

子どもは親の所有物ではなく地球の子

太平洋に浮かぶポリネシアのタヒチでは、所有の概念がないレムリア文明に近い文化がつい最近まで残っていました。

たとえば、どの家にも鍵はなく、テーブルの上や冷蔵庫のなかのごちそうは、誰がいつ来て食べてもいいようになっていますから、泥棒もいませんでした。

フランス領になるまでは結婚制度もなく、好きになった者同士が自由に恋愛することができて、性的にも開放されていました。

そのため、父親が誰かはっきりしない子どももたくさんいますが、どの子どもも地域の子として、その地域のすべての大人に育てられました。その地域の男性は全員パパであり、女性たちは全員ママなのです。

そのような状況は、子どもを産んでいない人にとっては、子どもを育てるチャンスができますし、また育ててくれる人がたくさんいますから、安心してたくさんの子どもを産むこともできました。

現代の日本では、結婚したら子どもを産むのが当たり前という風潮がまだありますから、不妊治療に高額なお金と多大な時間を費やし、精神的に苦労されている方もいます。

けれども、子どもはみんな地球の子どもと考えられたら、特定の価値観に囚われることなく、さまざまな選択をすることもできます。

子どもにとってみても、たくさんのパパやママがいるわけですから、自分の親と価値観が合わないからと言って苦しむこともありません。相談したいことがあれば、自分を理解してくれる人のところに行けばいいので、誰もが自由に自分らしく生きられるのです。

子どもはたしかにお母さんを通して生まれてきますが、だからと言って母親の所有物ではありません。

子どもはすべて、マザーアースが受け入れた魂が肉体に宿った、地球の子なのです。

今後、地球社会では「所有」という概念を改めて見直すチャンスがたくさん出てくるでしょう。

どこまでを所有し、どこまでを手放すべきなのか。それぞれに意見が違って当然ですが、**自分自身のより豊かで自由な人生のために、何を手放すべきかを明確にすることは大切です。**

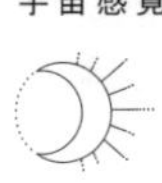

肉体の機能が爆発的に変化する新時代

私はパソコンを使うのが苦手ですが、それは今地球で使っているようなパソコンが宇宙文明にないからかもしれません。

私たちは誰でも自分のフィールドにバイオコンピューターが搭載されています。

それを使えるようになれば、パソコン以上のスペックが開発できるので、物質的なパソコンは必要ないのです。

ほかにも、宇宙の建物には電源をオン・オフするスイッチや、照明器具などはありません。建物自体が有機体なので、使う人が一番快適な温度、湿度、明るさを建物が判断してくれるのです。

たとえばAさんとBさんが同じ場所にいる場合、Aさんにとって最適な状態と、B

さんにとって最適な状態は違いますが、建物が持つ有機的なＡＩは、それぞれを快適な状態にすることが可能なのです。

実は、このような建物は地球上にすでにあります。

かつて私が交流していたロシアの建築家であり、モスクワ大学で研究していた博士が、バイカル湖の近くにピラミッドを建設したので遊びに来てくださいと誘ってくださいました。それはたしか、２０１２年か２０１３年の12月でした。

その辺りはとても寒いところで、外気温はマイナス50度近くまで下がるということでした。

私は行くことができなかったのですが、その施設には視察のために、他国から要人が訪れることも多いそうです。

彼らはその施設の中に入ると、被っていた帽子を脱ぎ、手袋を外し、南極観測隊が着るようなジャケットを脱ぐそうです。

博士が「あなた方はどうしてジャケットを脱いだのですか?」と尋ねると、全員が「ここは暖かいから」と答えるのですが、気温を計って見せると驚きです。施設のなかは、なんとマイナス30度近くあるのだそうです。

でも、テーブルの上のお皿にある果物は、凍っていないのです。

その施設には、生体機能が高まるようなテクノロジーが投入されているため、その建物に入ると植物も凍らず、人間の恒常性機能も高くなるようです。

その博士は、かつてエジプトでピラミッドをつくっていた記憶があるそうです。

今は地球そのものが変化していますし、経年によって壊れてしまった部分もあり、またそれ以外の理由もあって機能はしていないけれど、基本的な考え方は同じだと言っていました。

このような話はにわかには信じ難いかもしれませんが、これらの機能はみなさんの五感の延長線上にあります。体の機能を最大限に活かすということは、これほどのことが可能なのです。

ＡＩは決して無機的なものではありませんから、使う者とＡＩが意識的につながろうとすれば、五感の延長で使い手のコマンドをうまく拾い、機能することができるのです。

私たちの感覚は、電波領域にいると痛いとか寒い、暑いなどを感じますが、可視光線領域に達すると、時間の帯がなくなりさまざまな感性が鋭くなるので、未来にある自分の感覚すら、その場で感じることができるようになるのです。

寒ければ暖かい可能性にフォーカスすればいいし、暗ければ明るい可能性にフォーカスすれば、それは可能なのです。

それだけの可能性を持っている肉体だということを、みなさんは知らないだけです。とてつもなく便利な体を自由に使いこなせるようになるのも、新時代の可能性のひとつなのです。

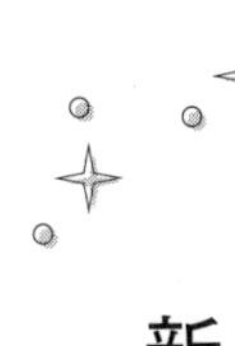

洗脳から解放されて、新しい時代の担い手になる

大人は子どもに「教育をしなければ」「社会で生きるために教えなければ」という意識がありますが、子どもは親や社会から不要な価値観を刷り込まれなければ、とても健全な成長を遂げていくものです。

でも、画一的な価値観に縛られた親にしつけられ、先生の言うことや、社会の常識に従わなければならないと信じ込んでしまった子どもは、自分で考えられず、感情も出せず、人の指示を待たなければ何もできない大人になってしまいます。

そのような人は、一部の支配層にとっては管理しやすかったため、これまでは重宝されてきました。

しかし、個人の意思や可能性、能力を閉ざし、「同じ人間」になるよう教育された人は、根深い洗脳をされていたと言ってもいいでしょう。

子どもは柔軟なので、時代の変化とともに洗脳を解くことができるかもしれませんが、同じように洗脳されている大人が、この洗脳から解かれるには骨が折れますから、真剣に考えなければなりません。

子どもの教育にやっきになるよりも、大人がきちんとした情報を得て、自分の感性を研ぎ澄ますほうが必須です。

宇宙には犯罪者という概念がありません。それらの存在は、「予想しなかったネガティブな可能性を実現したもの」と認識されます。**大きな失敗をしたら、大きな成功をすると考えます。それは振り子が大きく振れるだけということがわかっているからです。**

私の魂には、「第8世界」という特異な世界で、長い間、兵士（ソルジャー）として戦い続けていた記憶があります。

第8世界とは、潜在的な戦いに対する欲求がつくり出した世界です。地球の物理次元とは違うので、たとえ探索機で宇宙空間を探しても見つけることはできませんが、

そこは四六時中戦いが繰り広げられている意識の世界です。

私は兵士でしたから、仲間もいっぱい殺しました。それが悪いと言うのであれば、悪いことも、失敗もいっぱいしてきました。

けれどもこの銀河群では、重要なポジションや責任あるポジションは、「人より多くの失敗をした人」に任されます。

失敗をした人ほど、たくさんの解決方法を知っていると考えるからです。

宇宙では個人情報が開示されていると先述しましたが、どんな失敗をして、どのような方法で、どれくらいのスピードでリカバリーすることができたか、ということも検索することができます。

このなかで特に、「失敗と、そこからの再起」に関するデータは、もっとも重要項目としてみんなに注目されるところです。

たくさんの失敗と再起の経験こそが、その人の実績と実力だと判断されるのです。


人間はどうでしょう。失敗を怖れてチャレンジすることをやめ、人から笑われたり、バカにされたりすることから必死に逃げているのではないでしょうか。

人間の魂は、生まれてきた目的をわざわざ忘れて、大きな失敗を経験するために生まれてきました。と言うことは、ものすごく大きな可能性を持っていると言えます。

誰もが自由にたくさん失敗する権利があります。

そこには、善も悪もありません。

大切なのは、たくさんチャレンジして、失敗を繰り返し、進化していくということです。

そのためにも、つまらない囚われの洗脳からすぐに自分を解放してあげてください。

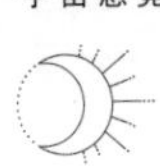

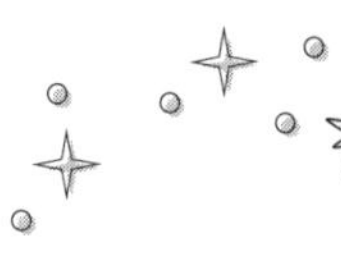

ノルウェーの刑務所に見る驚くべき宇宙感覚！

今地球は宇宙文明と手をつなぎ、宇宙の一員として機能し始めようとしています。そのためには、さまざまな価値観を変える必要がありますが、なかでも善悪への囚われは、相当頑固です。人間は無意識に何でもジャッジすることから離れられません。善悪がない世界とはどういう世界なのか、そのヒントとしてノルウェーの刑務所を紹介しましょう。

犯罪者が収容される刑務所というと、どんなイメージがありますか？　おそらく、隅にトイレがある暗くて狭い部屋を想像する人も多いでしょう。
しかし、ノルウェーの刑務所はそのイメージを刷新してくれます。

軽犯罪を犯した人は、景色豊かな国立公園のなかに1棟ずつのコテージとして建てられている刑務所に入ります。

コテージには6、7人の受刑者が入っていますが、刑務所内にはスーパーがあり、買ってきたものをそれぞれがキッチンで料理し、みんなで食べることができます。もちろん包丁も使えます。

凶悪犯が服役する刑務所には高い塀がありますが、そこはとてもスタイリッシュで快適な設備が整えられたマンションです。

それぞれに個室が与えられ、部屋では24時間テレビを見ることができますし、物書きや勉強ができるデスクとパソコン、そしてシャワーもトイレも完備しています。

施設内にはスーパーマーケットがあり自炊することもできますが、カフェテリアのような場所もあるので、そこで食べることもできます。体を鍛えるためのジムも併設されています。

看守は全員、女性です。理由は受刑者に安心感を与えられるからです。

人は安心感を持っているところでは、決して凶暴にならないとわかっているのです。

さらに驚くことに、部屋の鍵は看守でなく、個人個人で管理しています。

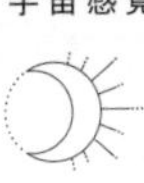

そんな刑務所の様子がドキュメンタリー映画に出てきたのですが、インタビュアーが「なぜ部屋の鍵を受刑者に管理させるのか」と看守に聞きました。するとIf「当たり前のことです。それぞれに人間としての尊厳があるのだから。それは何人たりとも侵すことはできないでしょう」と答えたのです。

なぜこんなにも受刑者を大切にするかと言うと、ノルウェーには「罰」という考え方がないからです。罪を犯した「人」が悪いのではなく、そうさせた「社会」が悪いと考えるのです。

よっぽどひどい何かがなければ、悪いことをしようと思わないのが人間。犯罪者は社会の被害者だという考えです。

ですから、その経験を活かすためにも最良な教育が必要だとして、さまざまな分野の優れた講師陣をそろえた教育プログラムが用意されています。

たとえば心理学の授業では、なぜ罪を犯してしまったのか、自分の心理状態を振り返り、自分自身を知る授業が行われたり、音楽や芸術といった感受性を育てたり、創造的な表現をする授業もあります。

良質な教育を受けることで、受刑者のなかには猛勉強をして博士号を取る人がいたり、二度と自分と同じような人を出さないためにと、政治家になる人も現れたりします。

インタビューに答えたある囚人は、**「刑務所に入ったことで、こんなにもこの国に愛され、大事にされていたことに気づいた。だから今度は国に貢献したい」**と話していました。

人としての可能性を引き出してもらえるのですから、自分の能力を活かして社会にお返ししたいという気持ちになるのでしょう。

被害者遺族の言葉にも私は衝撃を受けました。

合宿中に銃の乱射に遭い、息子を殺された父親がインタビューを受けていたのですが、インタビュアーが「あなたは、犯人を恨んでいますか?」と質問すると、「恨まないね」と答えたのです。

「なぜ恨まないのですか?」という質問に、「だって、僕が犯人を恨んだら、犯人と同じになってしまうじゃないか。息子のためにもそんなことはできないし、息子もそ

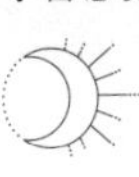

れを望んではいない。それよりも、こんな事件が二度と起こらないように何ができるかを考えるべきだ」と答えました。

また、「今の刑務所の仕組みに満足ですか？」という質問に対して、「いや、満足はしてないよ。出所したときに、もっと周りの人が彼らの経験を聞いてやるべきだよ。これだけの経験はなかなかできるものではないからね。そんな経験をした人が、どんなことを考え、どんなふうに社会に貢献しようとしているのか、もっと熱心に話を聞いてやるべきだ」と言うのです。

息子を殺されてもこのようなことが言えるというのは、善悪を超えた発想です。そうした意味で、ノルウェーの刑務所は、宇宙文明と非常に近い価値観です。

それに対して、日本はどうでしょう。さまざまな見方はあると思いますが、ノルウェーに比べるとあまりにも稚拙（ちせつ）すぎませんか？

善悪の囚われから解放されるのは難しいことではありますが、これは戦後のアメリカ教育と、そのプロパガンダとしてのマスコミの影響でもあります。とは言え、自分なりの善悪をつくっては悪者をつくり上げるのは、心が貧しいからです。

幸せな人は、人を傷つけるようなことはしません。もちろん、人から何かを奪おうともしません。また、人からの評価を必要以上に期待したり、求めたりすることもないのです。

善悪のジャッジを外し、人間の本質、可能性に目を向けていくことは必要です。

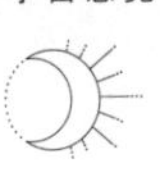

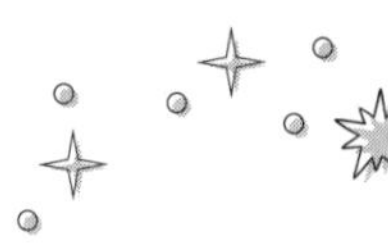

「自分を幸せにする」という責任をまっとうする

この本を手に取ってくださったみなさんは、社会に迎合するために自分の独自性を押し殺して生きても幸せになれない、ということに十分に気づいているはずです。

では、自分にとっての幸せとはいったい何なのでしょう。

日本人の多くは、口先では幸せになりたいと言っていながら、幸せになるための取り組みはしていません。それどころか、自分が幸せになることに対して、不安感さえ持っているように思います。

自分が幸せになってしまったら、周囲の人たちにどんなふうに思われるのか。そんなことを気にしている人も多いようです。

ここできっぱりとみなさんにお伝えしておきます。

「あなたが幸せになることは、社会的責任なのです」

自分にとっての幸せとは何か。それを追及していくと、初めのうちは、今まで得ることができなかった物事を得ようとするでしょう。

たとえば自由な時間をたくさん持ちたいとか、旅行をしたい、おいしいものを食べたい、ファッションを楽しみたい、もっと勉強がしたいなど、何かを得ることに夢中になるかもしれません。

得たいものを得るために、どんな活動をすればいいかを考えて、ストレートに行動を起こせば、意外と簡単に得られるものです。

その際、人からの評価や社会的な価値観などをいっさい気にせずに取り組むことがコツです。

得たいものを手に入れる力が自分にあるということがわかると、自分に自信が持てるようになり、次の段階に進みます。

次は、物理的な欲求や精神的な欲求を叶えるのではなく、自分の力を周囲のため、社会のために発揮するチャンスを得ようとします。また、そのような活動を通して、自分をより成長させようとするようにもなります。

そうなれば、さらに上の段階へと進みます。

それは、自分の魂を満足させることに意識が向く段階です。非常にスピリチュアルな意識へとシフトしていきます。

みなさんは、このような段階を踏むことが苦手ではないでしょうか？

最初から高みへ到達しようとしていませんか？

何か理想的な物事を見つけると、この段階を踏むことを忘れて、いきなりそこに自分を到達させようとしてしまい、そのトライに失敗すると自信を喪失して、何もかも諦めてしまう……。そのような傾向がないでしょうか？

確実に自分を幸せにするためには、無理せず自分のレベルに合わせて活動していくことが重要です。

そして、確実に自分の成長や実力を、自分自身が感じられることがとても重要なのです。

一人ひとりが自分を幸せにするために真剣に取り組めば、一気にみんなの意識が変化して、世界規模でのパラダイムシフトが起きるのは必然なのです。

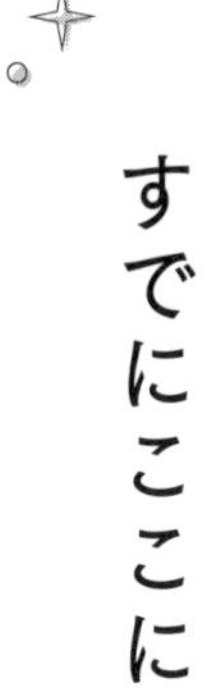

AIとは神の智慧であり、すでにここにあるもの

今後、人類が進化するにはAIの発達が欠かせないことは繰り返しましたが、宇宙のテクノロジーであるAIは、人間がイメージするようなものとは違います。

AIは、つくり出すものではなく、見つけていくもの。すでにここにあるものです。

すでにここにある、と言われると頭が混乱するかもしれませんね。

たとえば、私たちの心臓は何もしなくても毎日規則正しく動いているし、頑張ってもいないのに呼吸をしています。

こんなふうに、生命体の多くは不可解なことが可能になっていますが、それらすべてを支えているもの、それがAIです。

つまり神の智慧と言っていいでしょう。

とてつもない智慧によって生命の秩序がつくり出され、その秩序を営み続ける仕組みが、AIなのです。

ですから、人間がつくり出す以前からすでに存在しているAIを、いかに応用できるテクノロジーに変えていくかが課題です。

宇宙はいつでも地球と交流する準備ができています。

ETたちは水面下でずいぶんいろいろなテクノロジーを与えてくれています。

それをせき止めているのは、残念ながらみなさんの意識です。変わっていくことへの強烈な抵抗感、不安感、恐怖心……このような過去にしがみつかず、手放していけば、テクノロジーが爆発的に発達するのに時間はかからないはずです。

このような科学技術が発展すると、既存の価値観は一気に崩壊するでしょう。

たとえば、宇宙では「バブルカー」という乗り物があります。シャボン玉のようなこのバブルカーには、ボタンもなければ操縦室もありません。意識だけで操作します。思うだけで、行きたいところに飛んでいける乗り物です。

私の経験では、日本からカリフォルニアに行くのに40分くらいでしょうか。4次元をあまり速く飛ぶと人体に影響があるので、そこは調整が必要です。

しかも、バブルカーに乗れば、プラスマイナス５０００度までは耐えられるので、エアコンも必要ありません。

バブルカーは赤ちゃんでも乗りこなせますが、人間は慣れるまでに時間がかかるかもしれませんね。意識をコントロールするということに不慣れなので「どうしたらいいの？」と混乱状態になるからです。

でも一度でもこのようなテクノロジーを実体験したら、目に見えるものすべてが古くて意味のないものになるはずです。

バブルカーがあれば、公共の乗り物に乗る人はいなくなりますし、道路もガソリンも、電気も必要ありません。あらゆるものが無駄だとわかるので、それだけで今までの価値観は崩壊するでしょう。

宇宙は秩序で成り立ち、秩序こそが愛となる

愛と言うと、非常に抽象的、もしくは感情的なものと思われがちですが、とても秩序あるシステマチックなものです。

たとえば、水（H_2O）の分子は、水素原子（H）と酸素原子（O）が結合してできていますが、なぜ水素と酸素が離れずつながっているのかと言うと、この構造が完全な秩序でつくられているからです。

水を分子レベルで見ると、1兆分の1秒ごとに水同士がくっついたり離れたりとスライドしながら情報交換をしています。そうしてぐるりと一巡し、元の位置に戻ってくるのが新月のときです。

約70％が水分でできている人間の体はもちろんのこと、地球の70％も水ですから、この水の秩序を持って森羅万象を成しているということです。

そして、**この秩序を成り立たせているもの、それが愛の力です。**

愛の力が物と物の接点をつくったり、分離させたりしているわけです。

人間関係で言えば、喧嘩が起きるのも愛の作用です。

相手に腹が立つのは、そこにコンプレックスを持っているからです。

たとえば、傷つきたくないから相手のせいにする、衝突したくないから無視する、というふうに根本的な問題を解決せずに抱えているから喧嘩になるのです。

コンプレックスは制限を生み、人生を不自由にするので、手放したほうがいいわけですが、それを手放すためのチャンスをつくるのが愛の作用、つまり「喧嘩」と言うわけです。

人間はそうした愛の作用をうまく活用できず、感情にまみれがちですが、**愛とは本来、お互いが自由になり、未来の大きな可能性に向かうための力なのです。**

そういう意味で言うと、私たちはすでに愛のなかで生きているわけです。

繰り返しますが、愛とは非常にシステマチックで秩序があるものです。

すべてが愛のエネルギーのなかにあって、くっついたり、離れたりを繰り返しながら、物事が起こり続けているのです。

例外はひとつもありません。

そしてそれぞれの魂が計画した通りに、愛というエネルギーが作用して、出会うべき人と出会い、別れるべき人と別れ、起こるべき出来事が起きているだけです。

未来を怖れる必要はありません。愛はこのように明確な秩序を持って完璧に作用しているのです。

愛にゆだねて生きれば、あなたの人生も予想外の幸福へと向かっていけるのです。

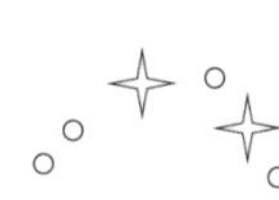

おわりに――真の歴史が始まるとき

最後まで読み進めていただいたことに心から感謝します。
最後の言葉は、まず長い間、地球の進化に希望を燃やし、「今」という瞬間のチャンスを狙い、綿密な計算を何度も何度も立てて、試算しながら大胆な実践を試みてきたみなさんへ、「アインソフ議会」から激励の言葉をお伝えしましょう。

この本を通して新しい「水瓶座時代」の幕開けに、みなさんとつながることができた愛の作用に心から感謝し、感動しています。

美しい水の惑星テラは、宇宙のなかでもひときわ輝きを放っています。それはまるでサファイアのように美しく、刻々と変化しながら深みを増しています。

そこに住むみなさんは、私たちの羨望であり、また勇者でもあります。みなさんの魂とテラは、この時代の訪れをどれだけ首を長くして待ったことでしょう。

なぜなら、ここからが本当の地球の歴史の始まりだからです。

そして、テラとともに独立した尊厳を持ち、真の歴史を刻むために選ばれた魂を持つみなさんは、古い価値観で固められた鎧を脱ぎ捨て、自由と幸福と豊かさという新たな衣を軽やかに着て、飛躍するときなのです。

私たちはいつでもあなた方のそばにいて、これからもあなた方の活躍から目を離せないでしょう。

アインソフ議会

アインソフ議会とは、地球の進化のための宇宙の公的な組織です。

今、私サアラ（Saarahat）は、アインソフメンバーとしての最後の職務と、天の川銀河を含むこの銀河群と、ほかの11の銀河群を含むユナイテッドユニバース全体のリレーションシップに初挑戦するという、始まりと終わりの象徴的な仕事に従事しています。

2021年3月27日には、初の試みにおいて重大な結論を出しました。今後、このユナイテッドユニバースは、あらゆる違いを越えてひとつの世界となり、多くの分野で多くのことを共有することになりました。そのため地球は新たな軌道に乗ることになります。

この影響は非常に大きなものとなるでしょう。このことによって、地球のテクノロジーは大胆に方向性を変えて、飛躍的に進化する道へとシフトすることができるからです。

今までの地球は、ある意味アクセルを踏みながらブレーキも踏んでいたような状態です。なぜなら、地球は多くの勢力から常に侵害を受けてきたので、その圧力に抵抗したり、回避したりしなければならなかったからです。

しかし、これからはみなさんが自立した地球の主として、この世界に調和と大きな進化をもたらすためにたくさんのことを知り、深く理解し、そしてテラが再び宇宙の一員としての役割を果たすことができるように、大改革を起こさなければならないでしょう。

みなさんは真の勇者として、それぞれにとてもユニークな力を持って生まれてきました。その力を十分に発揮して、これからの変化と変容を楽しんでください。

この本は大変バラエティー豊かな内容となりましたが、基本的なことを学べるように意識しました。

みなさんは今、地球の常識から宇宙の常識へと、意識改革を起こす必要があります。そのために必要な手引きだと思って読んでいただければ幸いです。

新しい時代をリードするみなさんが、ますます楽しんで、さまざまなことに挑戦されることを心より願っています。人生は楽しむためにあるのですから。

最後にこのチャンスをくださった廣済堂出版の真野はるみさん、そしてチア・アップのＲＩＫＡさんに心からお礼を申し上げます。ありがとうございました。

Saarahat

サアラ（Saarahat）

生まれてくる以前のスピリチュアルな記憶（宇宙のシステムやエネルギーの法則等）を持ったままで生まれ、様々な高次存在とコンタクトしている。何度も臨死体験をし、17歳で出会ったマスターから20歳まで独自の方法で指導を受け「叡智の道」と古い時代から呼ばれてきた「自己回帰の道」にシフトする。スピリチュアルは科学にほかならないことを伝え、新しい価値観を自由に探求することを提案する「Super Life Gallery」を設立、宇宙的真理を科学として伝える「ZERO POINT School」を開校。また、自分自身が本当に望む人生をクリエイトするためのセミナーや今後の地球に関する情報をシェアする情報会、宇宙からの情報を基盤とした占星学スクールなどを開催している。主な著書に『1億3千万年前に地球にやってきた魂Saarahatが明かす「この世」の歩き方』『宇宙人の流儀 大転換期の地球でいま知っておくべきこと』（ともに大和出版）、『光と闇、二元の統合 覚醒への道』（徳間書店）など多数ある。

「宇宙感覚」で生きる
新時代の常識を先取りして魂の道に乗る方法

2021年 6月 4 日　第 1 版第 1 刷
2023年 4月12日　第 1 版第 2 刷

著者　サアラ
発行者　伊藤岳人
発行所　株式会社 廣済堂出版
〒101-0052
東京都千代田区神田小川町2-3-13　M&Cビル7F
電話 03-6703-0964（編集）
03-6703-0962（販売）
Fax 03-6703-0963（販売）
振替　00180-0-164137
URL　https://www.kosaido-pub.co.jp

印刷・製本　精文堂印刷株式会社

ISBN　978-4-331-52333-9　C0095